操控人心的写作技巧

[日] 大吾（DaiGo） 著

许源源 译

中国民族文化出版社

北 京

图书在版编目（C I P）数据

操控人心的写作技巧 / (日) 大吾 (Daigo) 著；许源源译. 一北京：中国民族文化出版社有限公司，2022.11

ISBN 978-7-5122-1590-0

Ⅰ. ①操… Ⅱ. ①大… ②许… Ⅲ. ①写作学－基本知识 Ⅳ. ①H05

中国版本图书馆CIP数据核字(2022)第120409号

著作权合同登记号：图字01-2022-5658

操控人心的写作技巧

作　　者：[日]大吾（DaiGo）
译　　者：许源源
责任编辑：孙　洋
责任校对：李文学
封面设计：姚　宇
装帧设计：水长流文化发展有限公司
出 版 者：中国民族文化出版社　地　　址：北京市东城区和平里北街14号（100013）
邮编：100013　联系电话：010-84250639　64211754（传真）
印　　刷：河北鸿运腾达印刷有限公司
开　　本：880mm × 1230mm　1/32
印　　张：6.25
字　　数：150千
版　　次：2022年11月第1版第1次印刷
标准书号：ISBN 978-7-5122-1590-0
定　　价：49.80元

写作，不应为了被阅读而写，
而应为了让他人采取行动而写。

前言

感谢你在浩瀚的书海中拿起这本书，我是心灵师[①]DaiGo。

在阅读本书之初，我想开门见山地提一个问题，以便大家能够更好地理解**文字具有的强大魔力**。

如果你已经看穿了我的提问意图，那就没必要浪费时间读前言和第一章了。因为这代表你对文字的力量已经理解得非常透彻，建议你直接从第二章开始阅读。我将从第二章开始介绍具体的写作技巧。

不过，如果你觉得困惑："一本讲写作技巧的书，为什么要问这种问题呢？"那你很幸运，请你从头开始细细品读。因为即使是开篇这部分内容，相信也可以让你从中得到不少收获。

---

① 心灵师（mentalist）是指运用心灵术的人，据称可以看穿他人的思想。心灵术（mentalism）有别于心灵魔术（mental magic），但有不少心灵师将心灵术与魔术结合起来进行表演，这样的心灵师也被称为心灵魔术师，如达伦·布朗。

好了，我要提出的问题是：

“你觉得世界上最美的女人是什么模样？”

各位心中有答案了吗？我再问一次：

“你觉得世界上最美的女人是什么模样？”

当你读到这行文字时，脑海里浮现出怎样的脸庞呢？

我别无他意，你只需正面回答我的问题即可。浮现在你脑海里的是眼睛细长、容貌清秀的温婉女子，还是眼睛又大又圆的双眼皮美女，或是双唇丰腴、妩媚多姿的性感美人呢？

如果你没法想象得很具体，也可以用演员来举例。

我个人比较喜欢身材苗条、性格活泼的女性，所以我首先联想到的是新垣结衣①。

这时可能有人就会说：“不，不，不，我觉得还是中谷美纪②更胜一筹。”

“香椎由宇③才是世界第一！”

---

① 新垣结衣，日本女演员、歌手、模特，1988年出生于冲绳县那霸市。

② 中谷美纪，日本女演员、歌手，1976年出生于日本东京都。

③ 香椎由宇，日本女演员、模特，1987年出生于日本神奈川县绫濑市。

“要论绝代佳人还是佐佐木希[1]！”

也许有些人更喜欢有国际范儿的好莱坞女演员、欧洲电影女神或环球小姐等类型的美女。要是争论起来的话，估计就会没完没了了。

好了，现在差不多该揭晓提问的意图了。

“你觉得世界上最美的女人是什么模样？”

当大家读到这行文字时，虽然脑海里浮现出的人物形象各不相同，但一定都是各自心目中的绝对美女。

实际上，这正是文字的力量！

当人们看到某个词时，就会自动展开联想。例如，大家一看到“你觉得世界上最美的女人是什么模样”这个问题时，就会对“美女”一词产生反应，从而在脑海里描绘出各自心目中世界上最完美的脸庞。

对你而言，在那个瞬间，你脑海中浮现出的那个人，当之无愧地成为世界上最美的女人。

但是，如果我拿出任何一位美女的照片，询问大家是否认为

---

① 佐佐木希，日本女演员、模特，1988年出生于日本秋田县秋田市。

她是世界上最美的女人，就无法达到这样的效果。

假设我拿着我个人很喜欢的演员宫崎葵[1]的照片给朋友看，可能有人会说：“好可爱呀！”但也有人会说：“宫崎葵称不上世上最美吧？我还是喜欢鼻梁笔挺一点儿的……”

一旦眼前出现了具体形象，大家就会感受到她与自己在脑海里描绘的理想美女之间的差距，导致这位真实存在的美女无法成为自己心目中最美的女人。

但是，那个因为文字的刺激而在我们脑海里形成的美女，则是绝对的美女，我们不接受任何人对她评头论足。

所以说，要创造出让所有人都满意的美女，唯一的办法就是利用文字诱导大家展开想象。换言之，只有文字才能塑造出世界上最美的女人。

当我们读到美文佳句时，常常用“内心被打动了”来形容自己的感受。你知道这时我们的内心究竟发生了怎样的变化吗？我们会对组成句子的词语产生反应，从而放大大脑对该词的既有印象，对其展开想象。

① 宫崎葵，日本女演员、模特，1985年出生于日本东京都。

这种想象有时甚至能成为促使一个人行动的动力。

这就是潜藏在文字中，“可以打动人心的力量”的本质。

其实，要描绘出理想的美女并不需要堆砌辞藻，你只需写出如下这句话即可：

请想象一下，你面前站着一位让人目眩神迷的美女。

在文字的影响下，人们会不由自主地驱使自己在脑海里描绘出一位让人目眩神迷的美女。

能够做到这一点的既不是照片，也不是视频，而是文字。

运用文字的力量不仅能创造出“世界上最美的女人”，在营销推广、提案演示、向意中人表白，以及拜托上司或下属做事等领域都可以发挥文字的力量。

现在你能理解我提出“你觉得世界上最美的女人是什么模样”这个问题的意图了吧？

阅读→对词汇产生反应→展开想象。

请各位在学习本书介绍的具体技巧之前，牢牢记住这一基础原理。**写作，不应为了写而写，而应为了打动读者的内心，引导对方发挥想象力而写**。

■ 写作的目的只有一个——让对方立即采取行动

如果你能借助文字，让读者张开想象的翅膀，对你而言也颇有益处。

具体来说，有哪些益处呢?

一言以蔽之，就是**做好行动的准备**——让对方因想象而欢欣雀跃，从而打开自己的心扉，做好采取行动的准备。

例如，王牌汽车销售员在写营销推广信时，一定会在介绍汽车的性能与品质之前，用一两句话语来诱导客户发挥想象力。这并不需要运用多高深的表达或复杂的写作技巧，他们只是会在开头这样写:

“您有没有特别想去的地方?”

“您想带谁一起去呢?”

通过抛出这样的问题，他们就能让客户想象出自己开车的画面。可能是和女朋友约会，可能是每天接送孩子上学、放学，周末开车去打高尔夫，也可能是深夜兜风飙车、纵情高歌……客户甚至可能会想象出，当听到老友羡慕地称赞“这车真不错啊”，自己既得意又有些不好意思的模样。

只要能让客户联想到自己和这个“新伙伴”在一起的画面，那就算做好预热准备了。

起初，客户的购买欲可能是0，但经过一番想象后，购买欲至少能增加到1%以上。

接着，你可以继续写“这个周末我们将举办试驾会”，说不定就会有几位客人产生“参加一下也无妨”的想法，并付诸行动。

王牌销售员与普通销售员的区别就在于：他们愿意花心思帮客户做好心理准备。他们深知把购买欲由0提升至1%，能带来多么强大的营销效应。

如果你对一位从来没有考虑过买车的人，投放“我们发布了新车型”或“本周末将举办试驾会”之类的广告，几乎相当于对

通过文字操控人心的原理

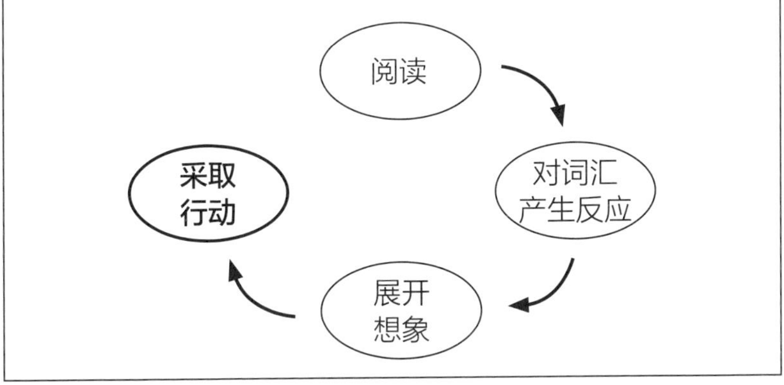

牛弹琴，完全是无用功。

但是，如果你告诉一个想象过自己开车画面的人，“本周末将举办试驾会”，那么你收获理想结果的可能性就大大地提高了。

换句话说，“阅读→对词汇产生反应→展开想象”这个原理还有后续，那就是：

阅读→对词汇产生反应→展开想象→采取行动。

■ 不善言辞的人更应该学习写作

读到此处，相信大家都能明白文字的厉害之处了，但可能也有人会认为：“和文字相比，对话不是更有威力吗？”

其实，文字有一点远胜于对话——**文字一旦被写下来，就能半永久性地持续发挥效力**。

“你觉得世界上最美的女人是什么模样？”

“你想开着这辆车去哪里？你想载谁一起去呢？”

这些文字内容会24小时不停歇地自动激发读者的想象力。如果是对话，就无法达到这样的效果，而且你还必须亲临现场去做演示。但文字可以通过邮件、书信或网页等方式发送给对方，而且采

用文字的方式，我们可以同时大量地发送同样的内容。

假设你的下属中有一位王牌销售员，若想培养出100位同等水平的销售员，那几乎是不可能的。然而，你却可以轻而易举地把这位王牌销售员屡试不爽的“营销推广信写作秘诀”，瞬间和所有销售人员共享。

如果你有一封高转化率的营销推广信（或能打动顾客的问候信、感谢函等），要制作1000份同样的文本简直易如反掌——只需要复制、粘贴就完成了。

当然，通过这样的方式获得的订单，与精明强干的销售员经过一次又一次沟通之后谈成的订单，无法等量齐观。

话虽如此，我们还是可以通过巧妙地运用文字来提高店铺的整体业绩。**因为文字也可以成为最具有战斗力的营销力量。**

与文字相比，对话还有一个特点（既是优势，也是劣势），那就是你必须在说话的同时注意自己的视觉呈现效果（如妆容打扮等视觉信息）、语调和遣词用句等。**文字却可以轻松地操控作者想要留给读者的印象**。

如果是书面沟通，你需要注意的只是文字而已。

由于文字以外的信息都被隔绝了，所以更方便作者对读者脑海中的印象施加影响。也就是说，从读者的角度来看，人类5种感官之中最常用的视觉感官带来的影响变少了，因此读者更容易被作者的意图所引导。

例如，在恋爱的初始阶段，如果你相貌平平，那在面对面的情况下，可能未必能轻易赢得对方的芳心。但如果你掌握了一定的写作技巧，说不定可以用一封浪漫的情书打动对方。

再者，与他人对话的过程中，我们很容易被对方所影响，无法完全按照自己的思路来表达。还有很多人不善言辞，口头沟通能力较差，面对面沟通时，总是无法获得理想的效果。

因为对话没有排练的机会，说出去的话，泼出去的水，谁也无法复查和修改自己说过的话（信息）。

当你讲完之后，有时可能会觉得“今天讲得还不错”，有时则可能觉得“不知道什么原因，是自己没有表达清楚吗，对方好像没有听进去”。如果是用文字沟通，就很少会出现这种情况，因为文字可以进行再次确认和检验。

利用文字沟通时，作者可以对表达方式、句子的结构、长度及说服力这些要素进行重新评估，可以通过观察读者的反应及反应的强烈程度，对文字进行修改。

我们无法重现或修改已经发生过的对话，却可以让对方不止一次地阅读我们写的文字内容。

通过以上说明，相信大家已经对文字具备的优势一清二楚了吧？

- **运用文字，更容易操控希望自己给读者留下的印象。**
- **文字具有可修改性。**
- **可以根据书面沟通的结果对文字进行微调（可测试性）。**

以上就是文字的优势所在。

■ 用基于心灵术的写作方法随心所欲地操控人心

刚才我粗略地介绍了一下文字所蕴含的强大力量。

我想借这本书教大家掌握**能够激发读者的想象力，触动对方的情感，引导对方采取行动的写作方法**。这也是我，作为一名心灵师最擅长的领域——基于心灵术的写作方法。

我们不应为了写而写，也不应为了被阅读而写。在有些领域，文字只有当它成功引导读者采取行动时，才具有存在的价值。

如果你想通过阅读这本《操控人心的写作技巧》，实现如下愿望：

写出漂亮的文章；

学习高大上的表达方式；

成为一名小说家；

……

那我劝你现在就把这本书放回到书架上。因为，**这本书是为了那些想让读者按照自己的意愿行动的人而写的**。

虽然我不会教你如何写出一篇优美的文章，但我在书中介绍了大量的写作技巧，可以教你如何写出让对方想读的文字，如何遣词造句来打动对方，如何通过文字来引导对方采取行动。

这就是基于心灵术的写作方法：**借助读者的想象力，撼动读者心灵的写作方法**。

如果你写的文字能让目标读者产生联想，并采取行动，那么无论在工作中还是生活领域，所有事情一定都能朝好的方向发展。可以说语言或文字中蕴藏的力量，足以改变人生。

根据表达方式不同，对方的行动也会发生极大的变化。我作为一名心灵师，在个人的职业生涯中，曾见证过无数这样的瞬间。从中我学到了：**找到对方的兴趣点，再抛出直击对方心灵的**

话语有多么重要！

写作也同理。

选择对方感兴趣的话题，加入一些直击对方内心的语句，这是让他人愿意阅读你写的文字的前提，也是所有能够唤醒他人想象力，促使对方采取行动的文字的共同点。

如果在你阅读这本书之前，某件事情成功的可能性是0，那么我相信你通过阅读本书，可以把这个可能性至少提高到1%以上。不断积累一个个1%，就能一点点推开可能性的大门，最终你甚至可以随心所欲地改变门外的风景。

在前言的最后，我想再问大家一个问题：

“如果你能做到随心所欲地将自己的想法诉诸笔端，那你最想让谁做出怎样的行动呢？”

好了，你做好改变人生的准备了吗？

阅读本书时，请你记得边读，边在脑海里想象那个下笔成章的自己。

心灵师DaiGo

目录

CHAPTER 01
文字的力量∞（无穷大）

CHAPTER 02
运用“三不”原则操控人心

CHAPTER 03

7个能促使他人行动的触发器

CHAPTER 04
套用就有效的5个写作技巧

CHAPTER 01

文字的力量∞（无穷大）

什么样的广告语能让人在冲动之下，购入原本没想买的高价商品

在前言里，我抛出过一个问题“你觉得世界上最美的女人是什么模样”，借此问题说明了文字潜藏的魔力。接下来，我想再举个例子，介绍一下文字的魔力如何运用于商业领域。

10多年前，美国一家大型批发超级市场里，一位销售经理只是在**纸尿裤的销售货架**上贴了一句广告语，就使得一款与纸尿裤毫不相干的产品销量大增，而且这款商品的定价远高于纸尿裤。

请问，该商品到底是什么？

大家不妨发挥想象力，大胆地猜测一下。

你是否觉得毫无头绪？我可以给你一个小提示。那位销售经理在纸尿裤销售货架上贴的广告词如下：

“稍纵即逝的美好瞬间，你不想记录下来吗？”

现在你应该猜到了吧？没错，那位销售经理把**一次性胶片相机**摆在了纸尿裤的货架上。

通常，来买纸尿裤的都是家中有小孩的人，而需要使用纸尿裤的一般是0～3岁的宝宝，正是最天真可爱的时候。

第一次翻身、第一次学坐、第一次和别人打招呼、第一次自己站起来、第一次尝试着走路……这个时期，每个变化对宝宝而言都是第一次。家长也在育儿的日常生活中，因孩子的变化而欢欣雀跃或慌里慌张。

大家都知道，纸尿裤是小宝宝每天必备的生活用品，许多宝爸宝妈基本上都是闭着眼买，顶多看一眼牌子和尺寸。

而那位聪明的销售经理把一次性胶片相机摆在纸尿裤的货架

只需激发对方的想象力，他自然就会行动起来

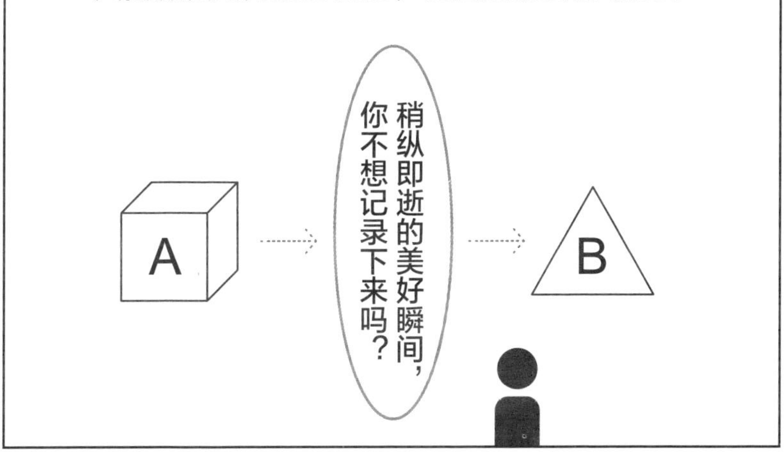

上，并搭配这样一句广告语："稍纵即逝的美好瞬间，你不想记录下来吗？"

试问为人父母者，谁看到这句话不会联想到自己的孩子呢？他们会意识到那些被烦琐的日常生活所掩盖的个人需求——**宝宝的每一个可爱瞬间，我都好想记录下来！**

销售经理仅凭一句话，就成功地让顾客从日常消费需求中跳脱出来，进入到非日常消费需求的领域，让他们把手伸向了摆在纸尿裤销售货架上的一次性胶片相机。

所以说，想让顾客消费，其实完全不必卑躬屈膝地乞求对方购买你的产品。我们只要学会打开对方想象力的开关，他们自然就会行动起来。

■ A、B、C选项，你会选择哪一项

简言之，就是利用对方的想象力，让他们做出我们所期望的行动。这其实是心灵师常用的一种手法。

我经常说，心灵术是一门**根据行动、态度和语言等因素来解**

读对方的心理，引导对方按我们的意愿去行动的技术。

在这个过程中，我们会利用对方的想象力，引导其做出我们所期望的行为。

例如，我作为一名心灵师参加电视节目时，经常有这样的表演环节：节目组准备好A、B、C选项，我负责引导参加节目的嘉宾，让对方选择节目组希望他们选择的选项；也可以由我来猜出对方想要选择哪个选项。

我会利用心理暗示的技巧来激发嘉宾的想象力，引导他们做出选择。

这时，语言即武器。

我可以在对话中埋下关键词，如果希望嘉宾选择B项，那就通过关键词不断地刺激对方，让对方更倾向于选择B项。哪怕嘉宾原本想选A项，我也可以利用心灵术的技巧，让对方选择一开始完全不在他考虑范围内的B项，甚至事后嘉宾都会对自己做出的选择感到惊讶。其实要制造出这种令人啧啧称奇的节目效果，并非难事。（我在《这就是心灵术》一书中，曾详细介绍过心灵术的原理。）

随着这类表演受到电视等媒体的热捧后，心灵师很容易被人们误认为具有某种超能力。其实，这类表演不过是心灵术的一种运用而已。

心灵术原本是一项有助于加深人与人之间信赖关系的技术。

要想对初次见面的人，施展心灵术表演中所展现的技巧，则需要长期的训练和丰富的实战经验。但如果运用于文字之中，情况则完全不同。

因为当我们写作时，眼前没有其他人，不会被对方的节奏所影响。我们可以静下心来，按照自己的想法来写，还可以进行修改，所以失败的概率更低。

■ 减体重、赚大钱、说服人，都可以借助文字来实现

实话实说，少年时，在接触心灵术之前，我其实是一个动不动就躲进“保护壳”里的人。上小学时，我经常被同学欺负，吃了不少苦头。

上初中后，我离开了原来的学区，进入一所私立中学。一般

来说，随着环境的改变，受欺凌的问题也会随之停止，但初中的我还是被一些同学盯上了。从小学到初二整整8年里，我一直是被欺凌的对象。

那段时间，我只是一味地等待周围的世界发生变化，祈求老天让我早日脱离困境。然而，事实上什么都没有改变。

那么，到底这样的噩梦为什么会戛然而止呢？因为有一天，我终于发飙了！

那天，有人说了一句关于我母亲的坏话，非常难听。我一气之下，不管三七二十一就动手了，那是我第一次对欺负我的人还手。

还记得那是在技术家庭课①的教室里，我们当时好像是在学习制作架子之类的东西。我一把抓起手边的柴刀，就朝那个人扔了过去。

① 技术家庭课是日本初中的必修课之一，旨在通过学习生活必备的基础知识和基本技能，加深对生活与技能二者之间联系的理解，进而培养学生钻研生活和创造生活的能力及乐于实践的态度。

万幸当时没有砸中对方，不至于酿成大祸。当时的我已经被怒气冲昏头脑，完全失去了理智。如今回想起来，当时真是太冲动鲁莽了。无论如何，扔刀这种行为都是错误的，不过对于改变我被欺凌的境遇倒是一件好事。

事情发生后，我请了几天假，返回学校上学时就再也没有人欺负我了。并不是说从此我交到了朋友，相反周围的人看我的眼神都多了几分怯意。他们的眼神仿佛在说："那个家伙很危险，真生起气来可不得了！"

这是理所当然的，毕竟我做了那么吓人的事情。

当我克服了校园欺凌问题之后，我意识到非常重要的一点——只要自己采取行动，世界就会随之发生改变。

摆脱了一直被欺凌的困境后，我下定决心要**改变过去的自己**。因为，过去的我一直将自己封闭在"保护壳"内，那段日子让我感到非常自卑。

我想变成理想的自己，进一步改变自己的世界。

我决定这么做之后，便在纸上写下所有令我讨厌的自身特征，再写下与之相对的词语。

❌ 成绩差、戴眼镜、肥胖、自然卷……

⭕ 成绩好、戴隐形眼镜、瘦削、直发……

现在回头想想，这些烦恼真是颇有初中男生的特色。

从那之后，我拼命学习，终于跻身年级前三；戴隐形眼镜；每天早上跑步健身；去理发店把一头自然卷烫直……那个曾经被欺负得体无完肤的自己完全不见踪影了。我终于变成了一个充满自信的人，正是过去的我所憧憬的理想的自己。

就这样，我通过把自己的想法写在纸上，把目标或想象具体化、客观化，成功地让自己行动起来。

这正是**阅读→对词汇产生反应→展开想象→采取行动**的过程，这也是只有文字才能达到的效果。

心理学已经证明了，当目标被书面化之后，将变得更明确，更容易达成。与其把一个模糊的目标放在心里，不如将目标写成文字，这样人们对实现这个目标将会变得更执着。

从那时起，我就知道文字具有改变人生的力量。

我把理想中的自己的特征写下来，当我读到那些文字时，想象着改变后的自己，并为了实现这个改变而行动起来。

当时还是初中生的我在无意之中，运用文字的力量打动了自己的内心。

■ 人生遇到的所有问题，文字都可以帮你解决

话虽如此，其实我并非一开始就擅长写作。虽然现在我已经出版了好几本书，但一开始我写的文章很难引起他人的共鸣。缺点显而易见——写得太漂亮、太规整了！

初中时，我摆脱了被欺凌的厄运后，就开始一心一意只读圣贤书。后来我考上了大学，踏上了学术研究的道路。那时我写的全是论文。论文讲究把准确性摆在第一位，我的任务就是要写出不会被读者误解的文章，不给读者留下任何自由想象的空间。

没多久，我开始以研究人员的身份在电视等媒体上表演，表演火了之后，我便过上了忙碌的生活，同时也一脚踏进出版业的世界。

那时，我犯了一个巨大的错误。

我一心想让大家喜欢读我写的文字，希望能把心灵术介绍给大家。在这个念头的驱使下，我开始写起了像论文般严谨且厚如砖头的书。

我会那么做也不难理解，因为我并没有站在想打动读者内心，想让他们行动起来的立场上去写作。写作并不是内容越准确越好，也不是字数越多读者就越高兴，更不是内容越高深就越受大家推崇。

对于写作来说，最重要的是要让别人想读你写的文字，打动他们的内心，让他们行动起来。至于你写得是否完美，是否高深，都无关紧要。

如果你能写出打动对方内心的文字，产品自然会大卖，上司当然会采纳你的方案，做提案演示更得心应手，跨领域的沟通也将无往不利……并且这些效果都是半永久性的。

· 即使是不方便开口拜托的事，对方也会欣然答应；

· 成功邀请到看似高不可攀的异性与你约会；

· 你的策划方案100%被领导或客户采纳；

……

假设一件事情成功的可能性原本是0，如果你能写出可以打动对方内心的文字，就能将成功的可能性至少提高到1%以上。

虽然写信的人越来越少了，但通过邮件沟通的人比过去写信沟通的人更多了。即便媒介从纸张变成了电子邮件，以书面形式加深交流的人类行为仍在继续。

大家都说现在读书看报的人变少了，但现代人通过电脑和手机等工具，接触文字的时间反而变多了，不是吗？

就像人类不会抛弃语言一样，文字是绝对不会从人类世界消失的。能否掌握本书介绍的写作方法，将在很大程度上影响你的一生。

■ 谁都不会教你的，能让人行动起来的写作原则

世界上有不少人因为不擅长写作而苦恼，这些人通常分为两种类型：一种是真的完全不会写；另一种是虽然会写，但效果不理想。

只要你身在职场，那就一定需要定期写某种形式的文章。所

以，因为不擅长写作而苦恼的人，绝大多数都属于第二种类型。

你是否有如下感觉：

“虽然洋洋洒洒写了很多内容，但是无法充分表达自己内心的想法。”

“总是无法顺畅地将自己的意图传达给对方。”

“明明发出了呼吁，却没有得到很好的回应。”

“如果简单以‘会写’和‘不会写’进行分类，自己其实属于‘会写’的那一类。但是有可能的话，还是希望能再接再厉，提高自己的写作水平。”

放心吧！就像我掌握了写作的秘诀之后，笔下的文字便脱胎换骨了一样，写作方法是可以后天学习并掌握的，它并不是一种先天的才能。

具体方法我将从第三章开始进行详细介绍。在此，我想告诉大家，若希望写出能打动人心的文字，要遵守“三不”写作原则。

原则1，不东拉西扯。

原则2，不追求漂亮。

原则3，不自说自话。

在第二章中，我将为各位具体介绍这3项原则，希望大家能牢记于心。在第三章中，我将介绍7个触发器，教大家如何触动读者的情感。在第四章中，我将介绍5个实用的写作技巧，只要套用就能自如地操控读者的内心。

只要你灵活运用这些方法，组合出拳，无论是写邮件、简报、策划书，还是广告词……所有文体都能落笔成章。

而且，这些方法不仅适用于工作领域，在生活中也大有用武之地。无论你是想通过社交媒体俘获异性的心，还是想轻松地与伴侣沟通交流，只要运用本书的介绍方法即可。

读到此处，想必你已经意识到，自己对于文字的认知已经开始发生改变了。那就跟随我，向前迈出新的一步吧！

你所掌握的写作能力，必将成为伴你终生的有力武器。

小专栏1 将司空见惯的话秒变名言的方法

名言之所以能深入人心，是因为名言所说的都是常识，是理所当然的道理。可是用理所当然的话语来描述常识，并不能成为名言。名言之所以是名言，正是因为它并非如此。举个例子：

× 成功的人不会放弃梦想。

这句话能称得上名言吗？确实，成功人士心怀梦想，无论什么时候都不会轻言放弃，所以最后他们成功了。只能说，话虽有理，但并无出彩之处，更没有令人回味的效果。换一种说法呢？

○ 成功的人**即便饿死街头**，也不会放弃梦想。（奥里森·斯韦特·马登）

这样一改，这句话一下子就变得具有真实感了。那么，“成功的人不会放弃梦想”，这样写到底差在哪里呢？这两句话的区别就在于：能否让读者想象出“饿死街头”这一画面。

读者看到第二句话时，脑海里或许会浮现出这样的画面：有一位科学家，他把毕生的财产都投入在研究事业当中，哪怕第二天连饭都吃不上了，还在通宵做实验。只有让读者联想到具体的情景，“成功人士心怀梦想，无论什么时候都不会轻言放弃，所以最后他们成功了”，这个故事才具有真实感。

也就是说，这句话因为加上了“即便饿死街头”这一条件，才能一语打动人心。这就是让一句话秒变名言的魔法。

○ 要想成功，就**每天花18小时**专注在一件事情上面。我并没有失败，我只是发现了**700种行不通的方法**。

这是托马斯·爱迪生的名言，也可用下句来表达同样的意思。

× 要想成功，就不要吝惜你的努力。即使失败了也不要放弃。

这两句话在本质上都属于司空见惯的内容，只是第一句多了“每天花18小时”和“700种行不通的方法”这些内容，瞬间就改变了两句话给人的印象，提高了第一句话的价值。

如果你能掌握这种句式结构，对你日后的写作一定大有益处。

简言之，**在一句司空见惯的话里面，加上一个夸张而具体的条件，就能把人尽皆知的常识变成一句名言**。与原本单调的表达相比，被改编成名言风格的文字能更强有力地冲击读者的内心。

■ 如何写出能抓住人心的话语

为了让大家今后写作时能够灵活运用这种名言造句法，接下来就让我们练习一下，如何把想表达的内容改编成名言吧！

✕ 学会提出问题是非常重要的。

假设你想要表达以上内容，现在需要将它打造成一句名言，你会怎么改编呢？且看爱因斯坦是怎么说的。

○ 提出一个问题往往比解决一个问题更重要。

来看下一道练习题。

× 想要提出点子需要耐力。

这句话你会如何改编呢？安德鲁·卡内基是这样说的。

○ 点子不是一天就能想出来的，需要慢慢发酵。要想提出点子，**真正需要的不是想象力，而是耐力**。

接下来是最后一道练习题。

× 不轻言放弃是非常重要的一种品质。

如果你想强调这一点，你会如何表达呢？我给出的参考答案是一部著名漫画里的台词。

○ 一旦放弃的话，比赛就结束了。

这句话出自脍炙人口的篮球漫画《灌篮高手》。每每看到这句话，那页漫画便跃然眼前。

“比赛就结束了”给人这样的印象：仿佛“放弃”这个动作按下了倒计时的快进键；反之，只要不放弃，比赛就不会结束。

写作能力的锻炼同样没有止境，只要不放弃，就能衍生出无限的可能性。

小结 只需3步

就能写出让人行动的文字

第一步

牢记“三不”原则

原则1，不东拉西扯

原则2，不追求漂亮

原则3，不自说自话（→P.21）

↓

第二步

7个触发器任选一个

从7个触发器中选择要写的内容。

教你学会如何轻松快速地写出

具有超强说服力的文字。（→P.55）

↓

第三步

套用就有效的5个写作技巧

只需下意识地运用这5个技巧，

无论写邮件、便条，还是发朋友圈，

都能让对方行动起来。（→P.123）

CHAPTER 02

运用“三不”原则操控人心

能够操控人心的文字具有哪些共同点

能够打动读者的内心，引导对方行动的文字才具有存在的价值。而“基于心灵术的写作方法”追求的，正是这样的文字价值。

我在前言和第一章中已经对文字蕴含的力量进行了说明。在第二章中，我将为各位介绍“基于心灵术的写作方法”的特征，即“三不”原则。

“三不”原则是我将在第三章中解说的7个触发器和第四章中介绍的5种写作技巧的基础。如果想写出能自如操控读者内心的文字，就需要了解如下原则，做好写作前的思想准备。

“三不”原则教你写出能操控人心的文字

原则1　不东拉西扯

原则2　不追求漂亮

原则3　不自说自话

如果你懂得这3项原则，相信你能更深入地理解为什么大多数人的文字没办法打动读者或引导读者做出行动。简言之，原因就是他们对写作存在3个误解。

首先，来看看第一个原则。

原则1 不东拉西扯

基于心灵术的写作方法第一个原则是不东拉西扯。

换句话说，就是有意用简洁的文字激发读者的想象力，引导对方采取行动。

这一原则是适用于所有文体的写作技巧。

写作时，最关键的不是自己想表达什么，而要明确你希望对方读到你写的文字后，采取怎样的行动。

搞清楚这一点，再思考怎样写才能让读者产生**“不如我也试试看吧”“我也想要这么做”**的想法。

应当考虑的不是怎样告诉你的下属“我希望你能留下来加班”，而是怎样写才能让下属觉得“非我不可，我必须留下来加班”；不是怎样告诉你的上司“我想提交一份策划书”，而是怎样写才能让你的上司觉得“这个策划案非常棒”；不是怎样告诉你的客户“买了特别划算”，而是怎样写才能让他们觉得“现在不买就亏大了”。

■ 要写出让人想行动的文字，而不仅仅是表达清楚

我在开篇提出的“**你觉得世界上最美的女人是什么模样**”，这句话就运用了不东拉西扯这一原则。问题虽然简短，但读者一看到，就会不由自主地在脑海里想象世界上最美的女人的模样。

纸尿裤销售货架上的那句“**稍纵即逝的美好瞬间，你不想记录下来吗**”，同样也运用了这一原则。顾客一看到这句广告词，就会自动在脑海里回放自家孩子一个个第一次的画面，然后开始想象自己拿起相机拍摄那些美好画面的场景。

所以，虽然这句广告词并没有游说消费者“来买我们的纸尿裤吧”“来买我们的相机吧”，甚至没有任何有关商品的说明。但结账时，仍然可以看到顾客的购物篮里既放着纸尿裤，也放着一次性胶片相机。

这句广告词只有短短一行字，为什么仅凭如此简短的一句话，就能打动人心呢?

其实，人们在获取的信息量不足时，会习惯性地通过想象或预测进行判断。

那么，人们是基于什么来进行想象或预测的呢？答案是基于积累的知识和以往的经验，也就是记忆。容易停留在记忆中的通常是那些伴随着强烈情感的记忆，如自己喜欢或渴望的东西。

换言之，**写作时故意减少信息量，更容易激发读者的想象力**。这也是基于心灵术的写作方法的最大特征。

可以说，能给读者留出方便他们想象的空间或余白的文字，才是好文字。

无论是开篇提到的有关美女的问题，还是纸尿裤销售货架上的广告，读者在阅读的同时，也在按照自己的方式进行想象。所以只要抓住要害，我们就能够打动读者的内心。正确地说，只要抓住要害，读者的心自然就会随文字而动。因此我们没有必要用冗长的文字进行翔实的说明。

这是大家对写作的第一个误解。

写作时，不必把想要表达的内容都罗列出来，并非给读者提供详细的信息，并进行充分的说明，就能打动读者的内心。

如果这也想让对方做，那也想让对方做的话，作者的意图就会变得模糊。对方即便读了，也记不住里面到底写了什么内容。

最危险的是，身为作者，却不知道自己想让读者如何行动。

“我想写出打动人心的文字，但是我不知道自己想让读者做什么。”

这下问题就大了。如果你只是罗列出想表达的内容，然后将其悉数抛给对方，就好像你没有决定晚餐要做什么，就盲目地跑到超市里，见到什么就买什么一样。

这样写的话，你得到的只能是一锅“黑暗料理”，最终菜肴的“味道”如何，根本无法想象。

写作应该从思考“你想让对方采取什么行动”开始。

什么样的文字能操控人心

× **表达不清楚**的文字

△ **能表达清楚**的文字

◎ **能让人行动起来**的文字

以写情书为例，只有明确了情书的写作意图——表达自己的爱意，可以的话让对方答应和自己交往，这才算真正站在写作的起点上。

像这样把目标聚焦在一个点上的写法，在广告行业被称为“一个信息，一个结果（one message one outcome）”。削减想要表达的内容，把话题集中在某个点上，对方将更容易行动起来。

■“一个信息，一个结果”原则

一次只写一个信息，将这个信息传达给对方，打动对方的内心，就能得到一个结果。这就是“一个信息，一个结果”的思维方式。它也是写作的窍门之一，可以帮助你写出简短的句子，而不进行过度说明。

还是以情书为例，写情书无非是想告诉对方“我喜欢你”，让对方怦然心动（觉得自己对写信的人有好感）。这是写情书时应当追求的唯一目标。

同理，如果写营销推广信，应当追求的结果就是把“请购买我们的产品吧”这个信息传递给客户，从而让客户产生“我也想买，不如就买它吧”这样的想法。

如果写新闻公告或公众号，那应当追求的结果就是用一篇文章，将“请把这则消息分享给其他人”的意图传达给读者，引发对方的兴趣，让对方产生“这个挺有意思，我要把它分享给其他人”的想法。

这些都是以上各种应用文的唯一目标。

最重要的是作者要能想象出自己希望读者做出何种反应。

“我想告诉你我的心意！我真的好喜欢你！特别喜欢！从很久以前就开始喜欢你了！喜欢你这样，喜欢你那样……”

如果你收到这样一封自说自话的情书，会怎么想呢？虽然它确实达到了“一个信息”的要求，却让人不禁退避三舍。

那么，这封感叹号连连的情书究竟欠缺了什么呢？

写作时，我们应该优先考虑的问题是自己希望读者采取何种行动？为此必须先明确目标读者究竟是谁，描绘出“读者画像”，而这封情书欠缺的正是一幅“读者画像”。

■ 将想表达的内容聚焦到一个点上，人就会行动起来

什么人会读到你写的文字？

你希望读到的人采取怎样的行动？

换句话说，要更好地发挥“一个信息，一个结果”原则的效果，就必须确认“谁”会读到你写的文字，并对其进行分析。

想要写出让对方觉得易读、易懂，而且不东拉西扯的文字，在写之前就必须思考读者是谁，并收集相关资料，再推敲具体内容该怎么写。

如果没有搞清楚这个问题就开始写，哪怕你写得内容再细致，数据再准确，辞藻再华丽，也没法打动读者的心。

那些因为接到上级的安排才写的销售信，以及出于工作需要、根据指导手册流程勉强写成的新闻公告，无法打动人心也是正常的。因为，它们都是写给不特定多数人看的，这也是为什么没有人阅读它们的原因。读者期待看到的是专门写给自己的文字。

而且，当你明确了读者画像之后，你的措辞也会发生变化。

举个例子，如果你要向小学生解释什么是**国债**。面对不具备相关基础知识的人，长篇大论地解释国债制度的历史和运作机制，就如同对牛弹琴，是没有任何意义的。

善于表达的人会说：“**国债就是国家背负的借款。**”一针见血地指出国债的本质。

严谨地讲，这个解释并不准确，因为国债可以买进卖出，它虽然是借款，却可以像商品一样流通。

但如果要一点点掰开来细说个中区别，就会变得长篇累牍，拿给小学生看，他们铁定读不下去。最终，小学生只会得出一个结论：国债＝让人不明所以的东西。

所以，要讲究“一个信息，一个结果”。

提炼出你最想传达给对方的信息，告诉对方“国债就是国家背负的借款”，那么读者就能成功接收到“国债＝国家的借款”这个概念。接下来，你也可以向对这个问题感兴趣的小学生进行更详细的说明。

像这样明确了目标读者是谁，就能配合读者对信息进行加工，使读者更容易理解。

使用简短的句式，用方便对方展开想象的精练语言去表达，就能让读者以近乎直觉的方式理解你写的文字。

没有必要追求每次表达都100%正确，写作时要注意根据对方的情况调整信息量。

总而言之，能打动读者内心的引擎永远在对方手里，文字只是帮助你打开引擎开关的工具之一而已。就像开关只需用手指轻轻一按就能打开一样，文字也应如此。简短而精练，不做过度说明的文字更好。

要点

故意将句子写得简短一些，可以激发读者的想象力。

要写出让人想行动的文字，而不仅仅是能表达清楚的文字。

原则2 不追求漂亮

基于心灵术的写作方法的第二个原则是**不追求漂亮**。

直截了当地说，就是要写出能触动对方情感的文字，这也是适用于所有文体的写作原则。

有的文章没有语法错误，标点符号的用法也非常准确，毫无纰漏（如语文教科书里收录的随笔）。这类文章我们可以一目十行，读起来非常顺畅。

我并不是说这样的文章不好，只是在打动读者这一点上，它们缺乏一种决定性的力量——作用于对方的情感，触动对方情感的力量。

写作时越认真谨慎，就越容易不带感情，最终只能写出一篇漂亮的文字。

漂亮的文字常常和流于表面的文字画等号，而流于表面的文字无法走进读者的内心。

举个例子，如果你在便签上写下：

> ✕
> 天气渐冷，不知一切可好？
> 这是一款有名的农家腌制品，还望笑纳。
> 顺祝商祺！

你若将这封以时令寒暄语开头的留言信，随礼物一起送给你的客户，究竟这段话能否停留在对方的心间呢？

可能他会记得收到的礼物，但这种照本宣科的客套话，顶多只会给对方留下“说起来确实有这么一封信”的印象。因为这封留言信里缺乏作者（也就是你）的个性，而且缺少能把你和对方连接起来的话语。

下面给大家介绍一句让我觉得印象特别深刻的留言。

> ○
> **听说作家佐藤优也在用这个哟！**

前阵子，一位爱看书的好友送给我一个阅读架，这句话就是当时他写的留言。

阅读架是一个可以把书摊开放在上面的工具。有了它，我就可以边参考阅读架上展开的书，边处理手头上的文书工作。我是一个典型的“书虫”，一天能读好几本书。但即使爱书如我，此前也没想过要买一个阅读架。可是当朋友告诉我，一位我非常尊敬的作家也在使用这款阅读架时，突然之间我就觉得自己收到了一件非常棒的礼物。

没有时令问候，也没有产品介绍，这位朋友**只是留下一行戳中了我的兴趣点的留言**，就让我对他和他的礼物留下了非常深刻的印象。

■ 漂亮的、抖机灵的文字往往不入心

我们要写的应该是这样的文字：即便表达稚嫩，措辞不够高雅，但一定要让对方看得出我们个人的想法或背景的文字。要把我们和对方的共同经历写进文字里，通过文字将自己与读者的心连接起来。

例如，送礼时写的留言，需要的并不是不痛不痒的时令寒暄，而是能将双方连接起来的话语。你可以写一写对方关心的事情，也可以问一问以前听对方提过的家人近况等，就像两人边小酌边闲谈一样。

只要加入这些话语，一封短短的留言信也能直戳对方的内心。所以，**不要写不痛不痒的漂亮话**。

如果想写出能打动人心的文字，这一点是最重要的。在本书中，我会反复强调这一点。

然而，不懂得这个写作原则的人，为了彰显礼貌，也怕降低对方对自己的印象分，往往会一味追求漂亮的文字。

这是大家对写作的第二个误解。

当你一再提醒自己，一定要写得足够漂亮时，你就会无意识地压抑自己的情感。

一旦我们的情感受到抑制，就会引起镜面效应，本来应该在对方心中涌起的情感也会被抑制下去。最终导致双方无法互通心意。

如果你想打动对方的心，首先应该丢掉一定要写得足够漂亮的想法。

有时候，一些毫无修饰、直白质朴的文字，如语法混乱的诗歌或歌词，更容易拨动读者的心弦。而流于表面的客套话，往往无法唤起或呼应对方的情感需求。

■ 能让人行动起来的不是理论，而是情感

除了不追求漂亮这个写作原则之外，还有一个心理因素希望大家记住：**能让人行动起来的不是理论，而是情感**。

人是一种就算在理论上认同了某一观点，也不会将其付诸行动的生物。但是人往往会在情感的驱使下做出某种行为，再将自己的行为正当化，为自己寻找理由，说服自己“我的行为是正确的”。

那么，什么样的文字才能触动人的情感呢？

关键就在于**要像对话一样写作**。下面以3组实例进行说明。

假设你要给关系密切的客户写一封邮件，怎样写才能让人觉得更亲切呢？

✕ 前阵子我去了您推荐的那家店，品尝了汉堡肉饼。果然名不虚传，特别好吃。

○ 前两天我去了您推荐的那家店，那个汉堡肉饼用刀一切，**肉汁一下子就溢出来了**，好吃得我都惊呆了！

假设你收到了两封广告邮件，下面哪个标题会让你不由自主地想要点开邮件看看呢？

✕ 让我来告诉你，成功的咨询师到底是如何工作的。

○ **难道你不好奇吗？**连续10年年收入3000万日元的咨询师特有的工作习惯究竟是什么？

又如，以下哪条音像店的广告，会让你忍不住想要租借那张影碟呢？

✕ 在恋爱中感到迷茫而不知所措时必看的电影。

○ 问男朋友“**你真的爱我吗**”之前，先看一下这部电影吧！

在上述例子中，你会被前者还是后者所吸引呢？我想一定是后者吧！

因为要作为例文使用，所以我在写的时候刻意让二者的区别表现得更明显一些。

每组例子当中，后者都包含了能触动读者情感的关键小分句，你觉得每组的关键小分句是什么呢?

答案是“**肉汁一下子就溢出来了**”“**难道你不好奇吗**”“**你真的爱我吗**”。无论哪一句，都能让人想象出作者描述的场景和读者读到这些文字时的表情。

你可以想象出：当读者读到“肉汁一下子就溢出来了”，垂涎三尺的模样；读到“难道你不好奇吗”，认真思考“到底是什么呢”的神情；被别人识破自己正“迷茫而不知所措”时，慌张又诧异于对方怎么会知道的表情。

这些表达都是那些妙语连珠的美文不屑使用的，可正因为如此，它们才能写进每位读者的心里。我们写的文字一定要让人能够想象出读者的表情，这点非常重要。

反观3组例文的前者，都是比较流于表面的描述，虽然我们可以理解、接受它们所写的内容，但也仅仅停留在理解和接受的层面而已。

这是在追求文字易懂性的过程中，很容易一不小心就掉下去的陷阱。要记住，其实写作时最重要的并不是漂亮地归纳出你想表达的内容。

■ 利用自我正当化的心理

当读者读到饱含情感的文字，内心被打动时，他们身上通常会出现一种现象——他们会为自己内心的变化寻找理由，使其正当化。

例如，“难道你不好奇吗？连续10年年收入3000万日元的咨询师特有的工作习惯究竟是什么？”如果有人看到这个标题，出于好奇而点开这封邮件或链接，那么他在阅读文章之前，一定会在脑海里想象“到底是什么工作习惯呢”“连续10年年收入3000万日元的咨询师到底是怎样的人呢”“他过着怎样的生活呢”……边想边津津有味地读完这封邮件。

哪怕这封邮件的开头写得不尽如人意，读者也会想，既然出于好奇点开了，那就读完它吧。

读者通常无法否定自己做出的行为，从而选择读到最后。

再来看看，“前两天我去了您推荐的那家店，那个汉堡肉饼用刀一切，肉汁一下子就溢出来了，好吃得我都惊呆了！”如果有人收到这样一封述说近况的邮件，他的心情会发生什么样的变化呢?

他肯定能想象出写邮件的人在乐呵呵地吃汉堡肉饼的模样，他会产生**想要采取下一步行动**的想法。例如，“下次再给他推荐别的店”或“下次带他去吃牛排吧”……

一个被打动内心的读者，他在脑海里想象的内容远比作者预想的要多得多。读者会对眼前的文字做更广泛的阐释，在这个过程中，他们便会产生想要行动起来的欲望。

要点

漂亮的文字无法打动人心。

想办法激发读者的情感和想象力吧!

能让人行动起来的不是理论，而是情感。

原则3 不自说自话

最后一个基于心灵术的写作原则是不自说自话。

继不东拉西扯和不追求漂亮之后，再加上不自说自话。恭喜你，终于离“写作”这一行为越来越远了。我之所以这么说，是因为**文字的好坏早在下笔之前就已经决定了**。

既然不能自说自话，究竟该怎么写呢？

举个例子，我有一位年近40岁的朋友，他在一家大企业工作。几年前，他和一位比他年长的美女结了婚，工作也很顺利，平时他爱打高尔夫、爱摄影，每天看起来都过得很充实。但有一点一直让他觉得亏欠妻子——他的妻子在一家风投企业担任董事，年收入比他多。

其实他的年收入也不少，即便如此，他还是觉得在家里妻子的发言权更大，因此不由自主地认为自己应该多承担一些家务。这个烦恼其实并不是什么大问题。他们属于典型的双职工未生育家庭，有足够的金钱支撑他们自由消费，周围的人肯定没想到他会在婚姻关系中怀有愧疚感。

但跟他好好聊过一番之后，你就会发现他内心真正的想法是**“真想再多挣10万元，好副业要上哪里找呀！”**

当然，他的情况不能代表所有人，但符合其中几项因素的人还是有很多的。

例如，妻子比自己年长，另一半收入更多，性格容易自卑等。那么，符合这些因素的丈夫（男人），都在烦恼些什么呢？这种想象就能帮助你达到原则3的要求：**不自说自话**。

他们在想些什么？他们的愿望是什么？他们的烦恼是什么……如果能知道这些问题的答案，那么针对他们而写的内容也会随之发生变化。

假设你要给他们发一封培训班的广告，如果把标题设定为**“你是否也在为另一半的收入更高而烦恼？”**那么收信人接着往下读的概率就会大幅提升。

接下来，你可以参考下一页的范文继续写，这样写就能一下戳中读者的心。这样的文字才能称之为看透了读者的心思，直戳读者内心的文字。可见，要写出这样的文字并不需要妙语连珠。

> 如果你能掌握我介绍的方法，就能够更有效地管理自己的时间。不仅能帮你提升主业的业绩，还能帮你腾出经营副业的时间，让你不必辞职就能增加收入。你的另一半一定也会对你另眼相看。
>
> 据说，每位白领平均一天的“偷懒时间”为47分钟，而每人每天上下班单程平均需要58分钟。
>
> 也就是说，每位白领平均每天都有将近3小时的自由时间被白白浪费了！如果你掌握了我介绍的方法，就能充分利用这些时间。
>
> 周末岂能耗在做家务上？时间要用在刀刃上。从今天起，请把你的周末时间交给我吧！

■ 好文字不是靠自己想出来的，该写的内容都在读者心中

这种写法与心灵术的本质有关，心灵术的本质是**根据行动、态度和语言等因素来解读对方的心理，诱导对方按我们的意愿去行动的技术**。

假设你已经根据不东拉西扯原则，将自己想要实现的事情用简洁的语言写下来了；根据不追求漂亮原则，写出了富有感情的文字。

这样并不代表一切就万事大吉了。

我们所写的文字，一定会有相应的读者。如果是情书，读者就是你的意中人；如果是策划案，读者就是你的客户；如果是报告，读者就是你的领导；如果是商务邮件，读者就是你的同事或商业伙伴；如果是社交圈，读者就是你的朋友或熟人；如果是博客，读者就是不特定的大多数人；如果是日记，读者就是你自己。

所有文字一定都会有属于它的读者。

写之前要思考：什么人会读到你写的内容？你希望读到的人采取什么行动？我在介绍“一个信息，一个结果”原则时，已经阐述过这一点有多么重要了。

是否思考过什么人会读到你写的内容，是否收集了相关的信息再推敲具体内容该怎么写，这将给你笔下的文字带来翻天覆地的变化。

然而，很多人只顾着写自己想让对方了解的内容，而没怎么关注过读者的想法。不仅如此，很多人还以为只要写了，读者自然会读。但是，现实并没有那么理想。

这是大家对写作的第三个误解。

读者并不会像作者期待的那样，认真地对待他们所写的文字。即便是与工作相关的内容，很多人也只是一扫而过而已。

想要通过文字打动人心并没有那么简单。

因此“读懂读者的内心”就显得更加重要。

你需要先调查清楚什么人或什么群体会读到你写的文字，**构建起读者画像，再动笔或敲键盘**。

说得具体一点儿，你可以重新查看一下至今为止双方的往来邮件，也可以通过社交软件来调查对方的兴趣爱好。如果是曾经见过的人，你还可以回想一下在之前的交流过程中，对方给你留下深刻印象的话语或事情。

这就像写情书时，我们会边写边想着自己的意中人是一个道理。如果你要写的内容很重要，那在开始写之前一定要先读懂读者的内心。

■ 号称能窥视人心的读心术究竟是什么

如果从能否触动人心的角度来看，比起那些人人称赞的文字，能够戳中特定人群的文字更胜一筹。这也是为什么我说动笔之前要先读懂读者的内心。

这在直效营销[①]的世界里，被称为“**读心**”。向目标对象发送信息之前，对目标进行分析，再选择适合该目标的措辞，并编辑信息，这在直效营销业内就像常识一样理所当然。

可能很多人会觉得，“读心”听起来就很高深，运用起来一定非常难。

请放心！我已经为各位准备了任何人都能立刻上手的实践方法。

例如，如果我们要向30～35岁的男性群体写一封销售推广

---

① 20世纪初，在传统的大众营销不能满足销售者需求的情况下，出现于了一种新的营销模式，直接提供商品给消费者。因为直接与消费者接触，所以称之为直效营销（direct marketing）。电视购物、网络购物和电话营销等都属于该范畴。

信，那就需要调查他们的兴趣和烦恼。

调查方法不计其数。你可以询问身边30～35岁的男性，他们平时会去哪些店消费，会去哪些地方玩。然后去那些地方亲眼看一看，你就能知道他们对什么感兴趣，在为什么而烦恼，以及把钱都花到哪里去了。

如果你把读者设定为身边某个具体的人，如某个朋友、亲戚或同事等，这封销售推广信则会变得更为精准。

我们要做的是读懂对方的内心，揣测他们会对什么样的话语产生反应，思考怎样的文字能让他们读完之后采取行动。

他们的生活方式是怎样的？工作压力大不大？

如果他大学刚毕业就进入公司，今年刚好是毕业第3年，那么他现在会对什么感兴趣呢？

毕业5年的人，又会发生怎样的变化？

毕业10年，接近35岁的人又在想些什么呢？

结婚、生孩子、买房……

我们需要将各种各样的要素组合在一起去解读对方的内心，从而找到最能戳中对方的话语，这种方法就叫作“读心”。

稍后我将在第三章中，通过7个触发器为大家详细介绍解读对方内心的方法，各位敬请期待。

一名专业的营销员会先做好这些准备，再去思考什么样的话语可以打开能触动人心的开关，然后将其组织成书面文字。而我们心灵师则会对眼前这个人言行举止的细微变化进行分析，再运用语言去打动对方的内心。

在写作之前，我们也要先设想一下读者平时会说些什么，写些什么，这一点很重要。

甚至可以说，能否写出可以打动人心的文字，在写之前就已经决定了。

这也是为什么我说，第三个写作原则不自说自话，将把你从“写作”这个行为中脱离出来。

文字的好坏取决于写之前做了多少调查。如果你在写之前不知如何下笔，下笔后又写得磕磕绊绊，那只能是因为你的准备工作做得不够充分。

什么时候开始提笔或开始敲键盘最好呢？最理想的时机应该是你已经解读完读者的内心，可以一气呵成的时候。

如果想写出能打动人心的文字，就要把花在搜肠刮肚、堆词砌句上的时间缩减到最短。因为**能戳中对方内心的话语并不在你的脑海里，而在对方的心中**。

换句话说，有时间思考自己想写些什么内容，不如多调查一下读者，这样更有助于你写出能打动人心的文字。

要点

通过“读心”，找到对方想读的内容和话语，再将其写成文字。

写作练习 你能用一句话在圣诞节前把“单身贵族”都召集起来吗

在本章的最后，我想给大家出一道练习题。请大家运用上文介绍的“三不”原则：不东拉西扯、不追求漂亮和不自说自话，思考一下该怎么写。

假设你是一家知名婚姻介绍所的员工，负责公司的宣传业务。现在是秋天，3个月后即将迎来圣诞节，各大婚介所正在争先恐后地吸引客户入会。

很多人期待着可以在圣诞节前开启一段新的邂逅，拥抱甜蜜的爱情。现在需要你面向这一人群，设计一句能打动他们的广告词，引导他们访问公司网站。这就是公司交派给你的任务。

不要忘了能让人行动起来的不是理论，而是情感。请各位先合上书，思考一下吧。究竟怎样的话语，才能打动那些期待在圣诞节前开启一段新的邂逅，拥抱甜蜜爱情的人呢?

其实，这个问题并没有100%正确的答案。

写作不像数学题，没有标准答案。能够打动读者的语言组织方式有无数种，我们只需要说出其中一个自己想到的答案即可。

如果我是这家知名婚介所的员工，我会这么写：

“现在还为时未晚……”

你可能会想，就是这样短短一句话吗？是的，我写下的只有“现在还为时未晚”这7个字，但在这句话旁边我还设计了一个小心机：一棵能让人联想到圣诞节的圣诞树，搭配“现在还为时未晚”这句广告语，就能让读者联想到充满恋爱气息的圣诞节画面。

如前文所述，我们人类是在知识和经验的基础上，想象自己希望见到的现实画面，这是人类的本能。急性子的人看到这则广告，甚至可能已经联想到了自己和他（她）相约在圣诞树下的情景。

总而言之，这样写远比“教你快速脱单的方法”“如何在圣诞节前找到理想的另一半”之类的话语，更能紧紧地抓住读者的心。

如果看到广告词的人，能联想到3个月后的圣诞节，能想象出自己和某个人开心地享受圣诞节的画面，那就可以说这句广告词是成功的。

当然，要想提高你的写作能力，现在同样为时未晚。

接下来在第三章中，我将**聚焦于读者的内心，深入地教大家如何写出能够精准触动读者情感的内容**，我将其命名为“7个触发器”。只要掌握了这些武器，你写的文字的“精准性”一定会得到飞跃式的提升。

小结 “三不”原则

原则1

不东拉西扯

东拉西扯，信息量太大的长文容易让人腻烦。将你的目标聚焦到一个点上，用简短的文字来刺激读者发挥想象力吧！

原则2

不追求漂亮

片面追求辞藻华丽的文字，纵使条理分明，若流于表面，也无法打动人心。用饱含情感的文字激发读者的想象力，打开读者的情感开关。

原则3

不自说自话

答案不在自己的脑袋里。写之前，要找到读者想读的内容和读者需要的话语。只要能提供符合这两点的文字，对方自然会行动起来。

CHAPTER 03

7个能促使他人行动的触发器

什么主题能一击命中读者的心

还是那句话，心灵术是**根据行动、态度和语言等因素来解读对方的心理，诱导对方按我们的意愿去行动的技术**。

可能有人会问："这是在教唆人钻空子或欺骗别人吗？"也可能有人会觉得这像是在做坏事。

其实，**要想成功诱导对方行动，最重要的是贴近对方的内心**。为此我们需要观察、了解对方的为人秉性，还有他的兴趣、烦恼、家庭成员及工作等构成这个人的各种要素。通过观察这些要素，真诚地贴近对方的心灵，发现他的需求，与对方构建起良好的关系——这才是心灵术这项技术原本的目的所在。

要想运用好基于心灵术的写作方法，观察与了解对方是不可或缺的一步。

我在这一章中将介绍7个触发器，每个触发器都会教各位如何在写作的过程中运用心灵术去揣摩对方的内心，观察对方的反应，从而加深双方的交流。换句话说，这7个触发器也可以认为是通过语言打动人心的7个线索。无论写得多么漂亮，如果无法打动读者的心，无法引导读者行动，文字就没有任何价值。

那么，能打动人心的文字和无法打动人心的文字有何不同呢？

二者的区别就在于能否呼应读者的需求。人一旦发现眼前的文字**写的内容和自己的需求相关**，就会迫不及待地想开始阅读。

最典型的例子是家电产品的说明书。我想大家应该不会用妙笔生花之类的词汇来形容一份说明书吧？但是，只要购买者想要使用这台刚买的滚筒洗衣机，只要他有这种明确的需求，他就会根据关键词找到说明书中的某一页开始阅读。

也就是说，文字之所以能被读者阅读，不是因为它写得多妙多漂亮，而是因为它具有强大的向心力，它能告诉读者“**这里有能够满足你的需求的内容**”，从而吸引他们阅读。

这种向心力源自于交织在读者心中的需求。

例如，对某种事物抱有兴趣，想进一步了解和学习的需求；想消除烦恼的需求；想避免吃亏或获得更多好处的需求；想获得他人的认同的需求等。

你心中一定或多或少也存在这类需求，只要在写作的过程中加入与某种需求相关的话语，就能写出让读者产生阅读欲望的文字。如果把这个过程中的心理变化用文字描述，会是如下这样：

在文字中加入富有吸引力的关键词→读者注意到关键词→萌生想要阅读的念头。

换句话说，就是要观察读者，把“读者想读的内容”（＝能呼应读者需求的话语）作为一个触发器埋进文字中。所谓基于心灵术的写作方法，其根本就在于植入这一触发器。

■ 触动读者的情感，促使读者采取行动的7个触发器

基于一名心灵师的工作经验，我把人类的需求分成了7大类。只要将与这7大类需求相关的话语作为触发器植入文字中，你的文字就有很大概率会被目标读者阅读，进而触动对方的心，诱导对方做出行动。你只需瞄准目标发动触发器，经触发而弹出的“文字子弹”就能命中对方的心。

这7个触发器如图所示。

能促使对方采取行动的7个触发器

触发器1
兴趣

触发器2
内心的想法与表面的说辞

触发器3
烦恼

触发器4
损失与获利

触发器5
大家都如此

触发器6
渴望获得认同

触发器7
专属于你的

可能有人看到上图后会觉得缺乏新意。

其实，缺乏新意也无妨。因为这7个触发器自人类诞生以来，就一直不停地触动着人们的心房。但知之不若行之，“我懂了”和“我做了”完全是两码事。

当然，我们在实际写作过程中，没有必要发动所有的触发器。根据具体情况、条件、目的，组合其中几个触发器，就能牢牢抓住读者的心，引导读者按照我们的意愿去行动。

第一步要做的是观察。

心灵师与他人面对面沟通交流时，会通过观察对方的外貌和语言等因素，从中寻找线索。这是一种叫作“**冷读**”的高难度技术，要想掌握冷读术需要经过一定程度的训练。

但如果是文字沟通，要观察对方就简单多了。我们只需着眼于7个触发器即可。

对每个人而言，容易引发自身反应的话语（或者说关键词）各不相同。

例如，有人会对第二章提到的“作家佐藤优也在用这个哟”这句话产生反应，也有人会对“致另一半收入比自己高的人”或

“致还想再多赚10万元的你”产生反应。

为此，事先观察对方，找出他们的兴趣或烦恼，就变得尤为重要。这也是令7个触发器能发挥效果的共同前提。

无论你写的文字有多优美，如果内容不能戳中读者的心，那就根本入不了读者的眼。

即便是夏目漱石①、芥川龙之介②和谷崎润一郎③等杰出作家，他们的作品也并不是所有人都读过，这就是一个有力的佐证。

虽然有的手机文学文笔拙劣，但年轻一代觉得这种文学形式更能戳中他们的心；但也有一些人觉得非长篇小说不能读也。

在工作或生活中，你的目标读者到底是什么样的人呢？

---

① 夏目漱石（1867—1916），日本作家，在日本近代文学史上享有很高的地位，被称为“国民大作家”，代表作有《我是猫》等。

② 芥川龙之介（1892—1927），日本小说家，与森鸥外、夏目漱石被称为20世纪前半叶日本文坛上的三巨匠，代表作有《罗生门》等。

③ 谷崎润一郎（1886—1965），日本小说家，唯美派文学主要代表人物之一，《源氏物语》现代文的译者，代表作有《刺青》等。

触发器1 兴趣

第一个触发器是兴趣。

顾名思义，就是要去探寻读者对什么感兴趣。

心灵师即便与素未谋面的人对话，也可以通过**解读**的手法掌握对方的兴趣。但是这是一项难度超高的技术，要想运用自如，需要学习诸多理论知识，并且进行反复训练。

“解读？”

可能有人会觉得这个词听起来就让人望而生畏。请你放心，因为**通过文字的方式找到对方的兴趣，比通过对话的方式简单多了**。

如果你已经与目标读者有过几次邮件往来，那就相当于你已经掌握了一些线索。在这些往来邮件中，其实沉睡着许多宝藏。

如果你们曾经谈及一些私人信息，如最近去过的地方、吃过的东西、看过的电视节目等，这些内容其实都会直接透露出对方的兴趣方向。

即便是只有工作上的交集或只是互相发过商务邮件的人，我们也可以通过对方的措辞，以及对某个项目的看法，了解对方的性格和处事方式。而且，我们还可以稍微放低姿态，走进对方的内心，进一步观察他们。

比如，在工作邮件最后加一句P.S.：“下次我想在贵公司附近吃顿午餐，请问您有什么推荐的餐厅吗？”收到这样的邮件，对方一般不会不回复。

他会推荐意大利菜，还是有年头的日式简餐店，或者是以商务午餐为卖点的咖啡厅呢？只需要多写一行字，你就能了解对方的偏好。

没必要高举着“我一定要挖掘出对方的兴趣点”的大旗，轻松一点儿，从身边细微的方面入手即可。首先，回顾一下你们之间的邮件往来记录吧！

■ 只需浏览手机3分钟，对方的兴趣就能一清二楚

如果从来没有和对方互通过邮件，这种情况又该如何观察对方呢？

看似这是一个大难题，但近年来，观察目标读者这件事已经变得越来越容易了。一切都得益于日益发达的社交网络平台，如微信的朋友圈和微博等。

无论是邮件的收件人、策划书的提交对象（你的上司）、提案的查收人（你的客户），还是刚认识的异性、刚开始交往的男女朋友……现在这个时代，只要你知道对方的名字，就能收集到对方许多信息。

“今天终于来到了**我梦寐以求的地方——夏威夷的高尔夫球场**！”

“入手了一台**新电脑**，现在开始开箱！”

“终于找到了一款和秋装特别搭的**手表**！”

“完成了半程马拉松的挑战，太激动了！”

……

我们只需看一下这些发在朋友圈里的动态，马上就能了解对方的兴趣、钱的用途和措辞习惯等。

如果在社交网络还没有如此深入人们生活的时代，想短时间内熟知一个人的生活习惯和兴趣爱好，无异于天方夜谭。可是现在，很多人不仅上传文字信息，还会附上照片。你可以看一看对方上传的是什么类型、什么内容的照片，观察一下和他在一起的朋友是什么类型的人。

如果对方特意发了一条他和另外一两个人在一起的动态，那么这几位朋友与他的关系应该非同一般。**物以类聚，人以群分**，你也可以看看他朋友的社交账号，这样便能获得更深层的信息。

所以说，如果你的目标读者有自己的社交账号，那就有办法追溯他的过去。

只需如此简单的方法，你就能知道对方的兴趣发生了哪些变化，目前对什么感兴趣。而且，通过观察对方的交友情况，你还能了解对方生活在一个什么样的圈层[①]里。

> 你真是一个幸福的宝妈，我一直以为我绝对会比你早结婚……

① 圈层是指某一类具有相似的经济条件、生活形态和艺术品位的人，在互相联系中形成的小圈子。针对这样的小圈子进行的点对点营销，叫圈层营销。

如果调查这个步骤做好了，像这样能够吸引对方注意的句子自然手到擒来。

这种**事先观察，调查对方的方法就叫作“热读”**。

例如，你想邀请心仪的人一起用餐，当然可以直接发信息询问对方：“要不要找时间一起吃个饭？”

你也可以事先看一眼对方的朋友圈，如果你发现对方刚发了一条“好想吃比萨啊”的动态，就可以顺势邀请对方。

最近我发现了一家那不勒斯风味的比萨店，他们家的比萨是用石窑炉烤的，特别酥脆，要不要一起去尝尝？

毫无疑问，后者肯定比前者更能戳中对方的心。因为前者只是表达了你自己的愿望，而后者能够**满足对方的兴趣需求**。如果要比较哪种问法能让对方更愿意与你一同用餐，答案自然是对方更感兴趣的后者。

商业领域也是如此。

当你写演示资料和策划书时，加入一些对方经常使用的词语或容易引起对方关注的内容，就能切实提高被阅读的概率。

例如，如果你要接待的客户在朋友圈里发了有关梅酒的动态，那么带对方去梅酒种类齐全的餐厅，显然比带他去普通餐厅效果更佳。

✕ 感谢您平日的惠顾，为表谢意，我想邀请您一同用餐，不知××部长您哪天比较方便？

○ 感谢您平日的惠顾，为表谢意，我想邀请您一同用餐。**我找到一家餐厅，据说是全省梅酒种类最齐全的店，店内收藏的2000瓶梅酒是从全国各大酿酒厂精挑细选的！**不知××部长您哪天比较方便？

哪种说法更好，一目了然。

■ 为何素未谋面，却能了解对方的兴趣

即使目标读者没有社交账号，我们还是有办法可以了解对方的兴趣。例如，可以看一看同行业者的朋友圈，也可以调查一下对方公司所在地区的特征和他的出生地。

如果知道对方的爱好，那就去看相关的杂志：对方喜欢高尔夫，就看高尔夫杂志；喜欢美食，就看美食杂志；喜欢旅行，就看旅行杂志……就算只是了解一下最近的热门话题，也能找到可以打动对方的关键词。

假设你与对方已经见过几次面，那么上次见面时他说过的话就是最好的线索。如果对方向你提起他感兴趣的事物，要及时记录下来，因为下次一定会派上用场。无论对方聊的是爱人的兴趣爱好、孩子的社团活动，还是对上司或下属的抱怨，通通都可以记录下来。

你还可以观察对方的手机壳、使用的文具、搭配的领带和皮包等。

你在给对方写道谢邮件或工作邮件时，可以不动声色地将获得的信息植入其中。只需这么一点儿小心机，就能迅速拉近你与对方的距离。

我们需要做的是通过“热读”术进行调查，了解对方的兴趣，再把“兴趣”这一触发器埋设进文字中。只要拉动触发器，我们就能让对方怦然心动。

要点

借助社交网络平台进行“热读”，找到对方感兴趣的话题，在此基础上开始下笔。

触发器2 内心的想法与表面的说辞

“虽然这份工作薪水不高，但是因为我还年轻，没有资格抱怨，所以每天都默默地加班到很晚（表面的说辞）。不过，我打从心底讨厌我的上司，希望能早日晋升，超过他（内心的想法）。”

“为了买房，我最近一直在省钱，坚决执行存钱任务（表面的说辞）。但是偶尔也会想要阔绰一把（内心的想法）。”

无论在公司还是在家里，大家都习惯忍着不说出内心的想法，下意识地使用表面的说辞。

好莱坞电影中那些天马行空的情节可能会让你觉得世上有些人并非如此，但从身边大多数人身上，我们都能看到这种处世方式的影子。

谁都懂得什么时候该表达内心的想法，什么时候该使用表面的说辞。夹杂在这二者之间的是，**在理想（希望的样子）和现实（应有的样子）的缝隙之中不断摇摆的情感**。理想和现实之间的缝隙越大，蕴含于其中的情感就越能够转化成一股强大的能量，促使人们展开行动。

我要介绍的第二个能打动人心的触发器，就是这种颇具东方特色的概念——内心的想法与表面的说辞。

每个人都希望别人可以认同自己表面的说辞，如果你能对这一心理需求善加利用，它便可以成为一个强力诱饵。

倘若你能看透在表面说辞背后暗藏的内心想法，并对其表面的说辞予以认同，对方就会完全信任你，并且愿意向你倾诉内心的想法。

当一个人揭开你表面说辞的面具，一语道破你内心的想法，并表示认同，告诉你这么想完全没问题时，那么无论男女老少，一定会为之所动。这股力量强大得就像是被刻进了人类DNA里的本能一样。

■ 容易赢得他人信任的人都擅长运用这个技巧

假设你有一位同事，他总是加班到临近末班车时间才离开公司。由于无法拒绝上司突然抛过来的任务，他每天都被大量的工作压得喘不过气来。

如果你这样跟他搭话，对方会作何反应呢？

× 最近什么事都需要你来处理，一定特别辛苦吧？其实就算你推掉一两项任务，了解情况的人都不会说什么。我真的太佩服你了！

○ 真的辛苦你了。**我以前有一阵子也跟你现在一样，天天加班加到要搭末班车回家，累得要命**。说心里话，其实我也很想拒绝领导，但像咱们这样的小职员，真是有苦说不出啊！如果你需要帮忙，随时告诉我。

如果你对同事像前者一样说话，我想对方很大概率会回复：“谢谢你的关心。”

不过那只是表面的说辞，你的同事可能会在心里苦笑：“这是人干的活吗？与其佩服我，不如替我分担一些工作啊！”这才是对方内心的想法。

也就是说，被安慰的人会回之以表面的说辞，用几句客气话搪塞过去。这样说非但不能让他们道出内心的想法，反而可能会让他们觉得更心酸。

这种情况下就该发动“内心的想法与表面的说辞”这个触发器了。

如果你像后者那样与同事搭话，就能瞬间拉近你们之间的距离。

这个触发器的关键在于推测对方内心的想法，剥开表面说辞这层面具，对其内心的想法予以认同。

表面的说辞描述的是现实中应有的样子——既然上司把工作丢给我，那我不入地狱谁入地狱。而内心的想法则代表的是理想中希望的样子——勇敢地拒绝领导接二连三丢过来的工作。

对方的情感在这二者之间不断摇摆纠结，而我们要做的就是看破这种摇摆不定的情感，告诉对方“我懂你”，并与之产生共鸣，然后表示愿意帮忙。

且不说最后到底对方是否需要我们帮忙，你只要踏出这一步，对方就会认为你是一个值得信任的好人。这会使你们的关系更加亲近，甚至发展成为数不多的可以互述心声、互相吐槽的好朋友。

填补内心的想法与表面的说辞之间的缝隙（上司与前辈篇）

表面的说辞 **我的工作我自己干。**

缝隙 **我来帮你**

内心的想法 **全都由我一个人来干，太辛苦了。心好累！**

当然，这种互动也能通过文字（邮件）的方式来实现。换汤不换药，你需要做的事情是一样的。认同对方现在面临的问题（表面的说辞），对于对方的烦恼表示感同身受，同时点破对方内心的想法，最后一定要记得对其内心的想法表示认同。

需要注意的是，切忌不要提及对方表面的说辞，而直接指明其内心的想法。

让我们再来看看之前的那组例文，后者是这样开头的："**我以前有一阵子也跟你现在一样，天天加班到要搭末班车回家，累得要命。**"读到这句话时，一位身心疲惫却有苦说不出的小职员形象立刻跃然纸上。有没有加上这句话，将在很大程度上左右作者与读者的共鸣程度。

这其实是在向对方袒露自己内心的想法。对方感受到你的心声后，会对你产生信任感，如此一来，整段话的说服力也会得到加强。

在此基础上，对其表面的说辞——对方正处于想拒绝领导却拒绝不了的局面表示认同，同时贴近其背后暗藏的内心想法。如此一来，对方便会觉得“这个人能理解我的纠结”，双方就能因此产生共鸣。

仅仅看懂对方内心的想法是不够的，只有连对方可能会说出口的表面的说辞也一并看穿，才能强有力地促使他人行动起来。

■ 善用隐藏在内心想法与表面说辞之间的强烈欲望

“内心的想法与表面的说辞”这个触发器，其实在广告文案中得到了非常广泛地运用。以洗碗机的广告词为例：

“日夜操劳的妈妈，你听见双手的哀号了吗？”

“常年为粗糙的双手而烦恼的妈妈，这里有一则好消息!”

虽然现在越来越多的男性开始分担家务，甚至选择当家庭主夫，但洗碗机的主要目标客户还是一手承包了洗碗工作的女性。

大家对于女性（妻子和妈妈）都有这样的印象：她们每天都在忙活着各种家务。身为家庭主妇，洗碗是再寻常不过的事，做饭和打扫房间也不例外。

很多主妇，哪怕自己并不擅长做饭和洗碗等家务，也认为必须承担起家庭主妇应尽的职责，并为之努力，这其实是她们表面的说辞。

而上述洗碗机的广告词恰好认同了女性表面的说辞，并以“粗糙的双手”作为切入口，对她们的辛勤努力表示感同身受，同时针对“女性内心的想法：真希望有人可以帮我洗洗碗，减轻一下我的负担”对症下药。

要想运用“内心的想法与表面的说辞”这一触发器，关键在于把握好表面的说辞（即应有的样子）与内心的想法（即希望的样子）之间的缝隙。

大家可以在脑海中想象一下，**这个缝隙之中充满了能够打动**

对方的能量，使用与这个缝隙完美契合的文字来填满它，就能拉动触发器，让对方行动起来。

女性每天从早到晚忙于做饭洗碗等家务，虽然说为了照顾家人再辛苦也能忍耐，但说句实话，谁不想让自己的双手回到青春岁月那般柔滑的状态呢？谁不想解决肌肤越来越粗糙的问题，谁不想减轻家务负担，让自己有时间优哉游哉地放松一下呢？

我们要做的是，通过文字对这些不满和压力表示认同和接受，让她们意识到自己心目中的理想自我是什么样的。

让对方意识到心目中的理想状态，从而促使对方采取行动（购买），这正是广告词的作用所在。

洗碗机广告词中的“双手干裂”不过是一个切入点而已，它戳中了主妇内心的想法：其实我希望自己是这样的。

进一步说，**看到这条广告词的女性就算不对家人（老公）说出内心的想法，也可以凭借“双手粗糙”这一表面的说辞为理由，“迫使”他购买洗碗机。**

这句广告词看似平淡无奇，其实巧妙地运用了“内心的想法与表面的说辞”这一触发器，所以它才能戳中女性读者的心。

填补内心的想法与表面的说辞之间的缝隙（主妇篇）

表面的说辞 ▶ **身为主妇，我必须做好家务。**

↕ 缝隙　**这是一台可以让你享受和家人相处时光的洗碗机。**

内心的想法 ▶ **我好想放松一下，我想要更多的时间！**

重点不是要彰显洗碗机有多么便利，而是要认同使用者表面的说辞，然后道出她们内心的想法。正是因为成功做到了这一点，这句广告词才能发挥出促进消费者考虑购买洗碗机的作用。

■ 在邮件里加入这几个字，多难取悦的上司都能攻克

如果你的目标读者是一个肩负重任的人，在对他们使用“内心的想法与表面的说辞”这一触发器时，善用“**如果是普通人的话**”“**你也是人啊**”之类的话语，就能有效地呼应夹杂在理想和

现实之间的需求。

例如，教师是一个责任重大的职业，如果你给一位教师朋友发了如下这样一封邮件，我相信对方读完，一定会频频点头表示同意。

> 我看新闻上说，一个老师除了正常上班的时间之外，还要负责指导社团活动、阅卷评分之类的工作，平均每月加班时间超过95小时。而且，老师要面对的不只是学生，还有家长……
>
> **这么辛苦的工作，如果是普通人根本做不到。但是老师也是人呀**，也会有想要一醉方休，想放纵自己痛痛快快地玩一回的时候吧？你平时这么努力了，偶尔放松一下也无妨啊，找个时间一起去……怎么样？

其实，偶尔用一些失礼的话语也无伤大雅，这就是我说过的不追求漂亮。只要你写的文字能击中读者的“要害”，对方就会自动为你弥补内容上的缺陷。重要的是要学会运用“内心的想法与表面的说辞”这一触发器。

再举个例子，如果你要给一位负责大型项目的领导发工作邮件，你可以在邮件里加上如下这样一句话。

❌ 如果是我的话，一定承受不了这么大的压力。真的辛苦了，今后也要麻烦您。

⭕ **如果是普通人的话**，一定承受不了这么大的压力。真的辛苦了，今后也要麻烦您。

很多肩负重担的领导在履行业务的过程中，都压抑着自己内心的想法。对他们而言，零失败、恰到好处地完成工作，被视为是理所当然的，身边并没有太多人肯定他们的努力。

话虽这么说，身为下属的我们往往很难去夸奖、犒劳上司。这种情况下，“**如果是普通人的话**”这8个字就能派上用场了。

身为领导，表面上不得不说“这是应该的”“多亏了大家的努力才能成功”，其实他心里想的可能是“我也希望偶尔有人能夸奖或犒劳我一下”。这时候，通过“如果是普通人的话”这8个字，我们就能告诉上司“**您比普通人厉害多了**”，而不会引起对方的不快。也就是说，我们可以顺着对方表面的说辞，了解其内心的想法。

但是，如果把例句中的“普通人”换成“自己”，那这句话给人的印象就全然不同了。

不管这个“自己”是个能干的人，还是个逍遥度日的人，上司都会因此而感到困惑吧？他也许会想：“拿我和你做比较，这算什么安慰呢？”

关键是要能够在脑海里想象出，读者心中表面的说辞和内心的想法二者的边界线。而且要注意在写作过程中，**不要把脑子里的话直接写出来，而要思考选择什么样的话语才能写进对方的心里**。你写的文字能否带来理想的结果，就取决于这一步。

再举个例子，如果你想让客户采纳你的意见，那么植入“内心的想法与表面的说辞”这一触发器，就能有效地提高采纳率。例如，你可以加上这么一句话：

○ ××社长，您身上背负着200名员工及其家人的命运，因为肩负重任，会有那样的想法和结论是理所当然的。**但是，这一次……**

这句话强调并认同了原则的重要性，即强调对方表面说辞的重要性，并对此表达了充分地认同。

这样写对方才会愿意倾听你的意见。在此基础上，你再用“可是”或“但是”将话锋一转，表明自己的愿望。如果你的愿望和对方内心的想法相近，那么事情一定会朝好的方向发展。

要点

内心的想法（理想）和表面的说辞（现实）之间的缝隙中，充满了能打动人心的能量。

按下那个能让对方意识到自己的理想，变得想要行动起来的开关吧！

触发器3 烦恼

每当我们打开报纸、杂志或网站，就会有大量这样的广告映入眼帘。

“成功减重7千克，我的人生发生了翻天覆地的变化。但我靠的不是运动，而是……”

“入职3年了，总觉得这份工作不太适合自己……”

“跳槽＝涨薪56.7万日元！”

“你知道吗？越晚婚的人离婚率越高。还不快来学习一下零失败的脱单大法！”

……

这些广告词的主题都与烦恼有关：减肥＝健康的烦恼；跳槽＝未来的烦恼（梦想）；年收入＝金钱的烦恼；结婚＝人际关系的烦恼。

先不评论这些广告词写得好不好，我相信有上述烦恼的人看到这些广告词，一定会心动。他们会想：“不如点开看看都写了些什么内容吧！”

他们期待能从这些广告中找到可以替他们消除烦恼的法宝，所以对这些广告趋之若鹜。换句话说，**“烦恼”是能够打动人心的一大诱饵**。

如果你的文字能够精准地戳中对方的烦恼，那么无论你是想销售产品、获得对方的同意，还是想缩短你和对方的距离，所有问题都能迎刃而解。

■ 4个字母就能猜中对方的烦恼

人类的烦恼是有普遍规律的，因此要看透目标读者的烦恼并不难。

以我作为心灵师的经验来看，**人类90%的烦恼都可以归入“HARM”这4个字母所代表的范围内，可以根据这4个字母进行分类**。

“H”是指“health”，即健康。减肥、外貌的变化、疾病和衰老等所有与身心健康有关的烦恼均属此列。

“A”是指“ambition”，即雄心或抱负，在此我将其引申为“未来的梦想”或“想实现的愿望”，包括找到理想的工作和希望出人头地等。

“R”是指“relation”，即人际关系，包括公司里的人际关系、朋友关系、恋人关系、结婚和离婚等。

“M”是指“money”，一言蔽之就是和金钱有关的烦恼，如收入的增减、借贷、养老金及包括买房在内的大额消费等。

如果你结合对方所属的**年龄段**对“HARM”进行分析，就能像占卜师一样，让对方做出“咦，你怎么知道我在烦恼些什么”的反应。

人的烦恼大致可以分为四大类

Health	健康、外貌
Ambition	梦想、未来、事业
Relation	人际关系、婚姻、恋人、同事
Money	金钱

■ 只要知道对方的年龄，就能大致猜中他的烦恼

以“H：与健康相关的烦恼”为例，如果是10多岁少年，他们这方面的烦恼通常以减肥、增高和长痘等与外表相关的问题为主。

20多岁的人又如何呢？因工作方面的压力引起的身体不适，如腰酸背疼等问题开始出现。

进入30多岁，女性就到了要认真考虑怀孕生子这个问题的阶段，而男性则会面临体力下降、脱发和肥胖等问题，对健身和健康食品等方面的关注度越来越高。

到了40多岁，越来越多的人担心自己会患上某些内科疾病，有的人还会开始关注癌症保险等产品。

到了五六十岁，健康的烦恼会成为所有烦恼的中心。和年轻时相比，有些人见面聊天的开场白已经变成：“我最近（身体某部位）又不好了……”还有人被医生要求控盐控糖，住过院的人也越来越多了。不管是不是自愿的，大家对身体的关注度都变得越来越高。

到了七八十岁，人们会越来越关注身后事，死亡对他们而言

变得近在咫尺。

也就是说，如果你要以“健康”这一话题作为诱饵，就有必要根据对方的年龄来改变你的措辞。

例如，当你想邀请某位心仪的女性约会时，如果想巧妙地运用“H”这一触发器，可以像下面这么写。我想这样的文字一定能写进二三十岁且有减肥意识的女性心里。

> **我最近发现了一家超好吃的甜品店，要不要一起去？他家的甜品都是低卡路里的，甜得恰到好处，听说特别火哟！**

如果你想以“A：未来的梦想”作为诱饵，策划一个杂志专题，假设阅读人群是20岁以下的读者，你可以写“**考试并不是人生的全部，暑期短期留学也是一种选择**”；如果阅读人群是准备找工作的20多岁的读者，你可以写“**成功拿到Offer[①]的人，**

① offer letter是指企业或学校对面试合格者，正式发出的表达愿意录用或录取对方的信件（通常格式固定），可理解为录用信或录取通知。

83%都参加过这场招聘会”；如果是已经开始工作的20多岁的读者，则可以写“**助你实现职业发展的跳槽方案**”。

对于逐渐开始为金钱而烦恼的30多岁的读者，你可以写“**你知道在你的同班同学当中，已经有两人年收入超过1000万日元了吗？**”

针对40多岁，出人头地的机会越来越少的读者，你可以写“**你知道能成为部长的人都拥有哪些习惯吗？**”

再来看看50多岁的人，他们之中有很多人觉得“我这辈子这么努力，却没得到相应的地位”，对此不是带有强烈的不满，就是已经放弃了自己的梦想。面对这样的读者，你干脆写“**每年只靠190万日元的养老金能养活自己吗？**”可以推荐他们在主业之外尝试投资等。

万变不离其宗，如果你要以“R：与人际关系相关的烦恼”或“M：与金钱相关的烦恼”作为诱饵，写法也是一样的。

假设你决定以“结婚”这个主题作为触发器，那在写之前需要根据读者的年龄段，设想一下对方可能会有哪些烦恼。

如果是写给对结婚缺乏实际认知的20岁左右的读者，那么谈理想的婚姻比谈婚姻的烦恼，可能更容易吸引对方的关注。

如果是写给开始为结婚而着急的30多岁读者，那么应该强调的内容就变成了兴趣、爱好、品位等共同点的重要性，而非工作、年收入等。

对于刚结婚不久的30多岁读者，**“和这个人结婚真的合适吗”**这类话题可能更容易写进他们的心里，如夫妻双方价值观的差异，婚后才发现的问题等。

对于40多岁的人而言，有关婚姻的烦恼则变成了对婚姻生活的不满，如性冷淡、没有得到足够的重视等。

如果你要运用“**金钱**”这一触发器，同样也需要根据不同的年龄段调整措辞。20多岁、30多岁、40多岁和50多岁的人，他们关于金钱的烦恼有何不同呢?

20多岁的人，他们关于金钱的烦恼从某种程度上来说是比较单纯的。他们想要得到更多能花在自己身上的钱，想知道有没有什么办法能增加自己的收入，而且他们的钱主要花在休闲娱乐方面。

30多岁的人通常把钱花在和工作相关的地方，如为了实现进一步的职业发展而投资自己等。而且对他们而言，准备结婚资金、购买房产，也成了一项重大的人生议题。

到了40多岁时，关于住房贷款、孩子的教育经费等大额支出的经济烦恼会越来越多。

而50多岁时，大家则会开始认真考虑晚年生活的养老资金问题。

从与金钱相关的烦恼演变历程来看，随着年龄的增长，花钱的焦点从自己变成了配偶和家人，最后又回到了自己身上。我们可以围绕这一变化去设立假说，并进行验证，再将其运用到实践当中。

关于不同年龄段的人分别受哪些问题所困扰，这方面的统计数据有很多。各位可以通过网络搜索等方式，充分利用好这些数据。

要点

只要知道对方的年龄，就能大致判断出他的烦恼。

看透目标读者的烦恼，然后用文字提供解决方案，引导对方按照你的意愿行动吧！

与人际关系相关的烦恼演变历程

relation

10+ 喜欢恋爱的感觉 → 20+ 恋人 → 30+ 结婚生子 → 40+ 孩子的未来 → 50+ 夫妻关系 → 60+ 退休后的生活

与金钱相关的烦恼演变历程

money

10+ 零花钱、兼职 → 20+ 自我投资、存钱 → 30+ 买房 → 40+ 孩子的教育经费 → 50+ 安享晚年 → 60+ 养老金

触发器4 损失与获利

“学生可以免费换新机了！”

“每100人中就有2人有机会获得减免100万日元的优惠！”

“不满意，包退款！”

你是不是也曾经见过这类促销广告？

世界上只有极少数人会说“我讨厌免费”，而大多数人都会被“免费”这个词吸引住眼球。因为，比起获利，损失给人的影响更大，这是全人类相通的心理特征。

换句话说，**我们是一种觉得亏了5000元带给我们的感觉比赚了5000元更强烈的生物**。

诺贝尔奖得主行为经济学家丹尼尔·卡尼曼通过实验证明，损失给人带来的内心痛苦比获利带来的喜悦更大。所以说，只要一个人知道他可以避免损失，就会觉得跟获利了一样。市场上各种免费促销活动正是利用了这种心理。

我想给各位介绍一个让我不得不拍案叫绝的营销案例，那是一家美国百货公司推行的营销政策：**“5年无理由退货服务”**。

无论你在这家百货公司购买了什么商品，自购买之日起5年内都能退货。乍一听，大家可能会联想到这样的画面：顾客随意购买了一堆商品，使用后在限期内又纷纷退货。

事实上，有数据表明，退货期限越长，退货率就越低。

为什么会这样呢？假设你出于一种随时都能退货的安心感而购买了某件商品，随着时间的流逝，即使你对该商品有些许不满，也会因为觉得退货好麻烦等理由，不会主动办理退货。

也就是说，营销人员事先预料到顾客的心理变化轨迹，所以才提出“5年无理由退货”这项服务，鼓励顾客**“买了也没有风险，反正可以退货，赶紧下手吧”**。

这种营销手法叫作**风险逆转**，是指在顾客进行大型消费时，把顾客需要承担的风险转嫁给销售方，故而得名。

营销人员通过“免费”和“退款保证”等字眼，就能消除消费者担心买了会吃亏的心理，进而引导他们购买商品。

只要消费者没有退货，那就无须退款，也就是说仅凭语言的力量就让顾客倾向于做出购买的决策。

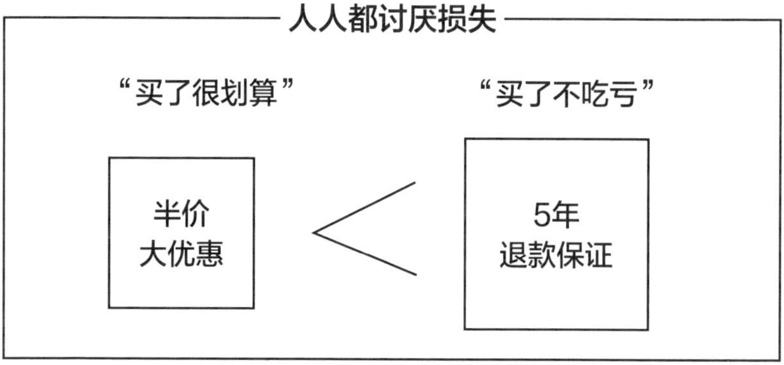

而我要介绍的“损失与获利”触发器，其实就像这些标榜免费、无风险的促销活动一样，只不过是把风险逆转的手法应用到写作当中。

■ 人们为什么会被瑕疵品所吸引

“损失与获利”触发器究竟如何运用呢？大家可以从下面这组例子感受一下。

假设你打算网购一台新的数码相机，终于找到了一款价格可以接受的相机。当你在两个不同的购物网站比较这款商品时，发现两个网站的商品说明略有不同。

✕ 高清画质，机型小巧，防抖性能好，非常适合拍摄孩子在运动会上的风采。

○ **您可能会觉得价格偏高**，但是这款相机画质高清，尺寸小巧，方便随身携带，而且防抖性能优异，非常适合拍摄孩子在运动会上的风采。

你觉得哪个购物网站的介绍更值得信任呢?

以上例子涉及心理学常见的两种说服方法，即“**一面提示**”与“**两面提示**”。

“一面提示”是指只讲优点；“两面提示”是指对优缺点两方面都进行说明。

例如，有位客户点名要购买某款数码相机，销售员连珠炮般地对他说：“这款数码相机高清画质，机型小巧，防抖性能好，非常适合拍摄孩子在运动会上的风采。现在购买的话，还能给您打个折扣！”这就是“一面提示”，即只强调好处，从而进一步提高客户购买意愿的说服方法。

但是，如果只说好处，难免会让人怀疑其真实性。

你有没有留意到，其实网上有很多广告缺乏真实性，看起来十分可疑。例如，没有对风险进行说明的投资广告，以及价格便宜得出人意料的新建住房等。

而“两面提示”的说服法需要对一个事物的好坏两方面均等地进行说明。对于那些富于怀疑精神、处事谨慎的人，以及对该商品有一定了解的人，使用“两面提示”的方法更有利于赢得他们的信任。

客户了解了该商品的缺点之后，**会更加信任我们，虽然认为这部分确实不太好，但仍然能坦然地接受该缺陷**。在此基础上，我们再让对方做出决定，他们就会愉快地掏钱买下该商品，并且对自己做出的购买决策感到满意。

网上出售的瑕疵品之所以畅销，正是因为运用了这种“两面提示”的广告文案。

“虽然是瑕疵品，卖相不太好，但是便宜又好吃。”

“虽然是瑕疵品，但量比正常商品多，因此更实惠。”

这些文案正是因为同时展示出损失与获利两方面，才能源源不断地吸引顾客前来购买。

■ 利用缺点赢得信任的方法

“损失与获利”技巧同样可以运用在商务写作中，包括策划书、提案和委托书等。

一份运用了“一面提示”的方法写成的策划书，乍一看，可能让人感觉前景很好，但实际上细读起来往往漏洞百出，容易让人觉得不可信。

举个例子，假设你想把公司的业务委托给外部人员，如果只列举优势，确实能提高对方承接业务的概率，但进入实操阶段后，可能会因此产生一些纠纷。

商务合作往往需要多人协作，才能顺利推进。正因为如此，更应该先充分说明缺点，再介绍可能会获得的好处，然后展示出你对该项目的期待或表达“希望能把这个项目委托给您”之类的想法。

对可能出现的损失与获利两方面都进行说明的文字，就是一个能加深对方信任的触发器。

不过，损失与获利的说明顺序也是有讲究的，一定要先说损失，再写获利。

运用“两面提示法”时，最重要的是**遵循先说明负面信息，再说明正面信息这一顺序**。

如果把负面内容放在最后，很容易在对方心中留下深刻的消极印象。就算前面罗列了再多好处，也难以打动对方的心。

正确的做法是先客观地罗列出事物的缺点，再列举出远胜于缺点的优点，以优点作为结尾。

〇 这次我推荐的××能力特别出众，公司对他评价甚高。**不过，可能有人会质疑他是不是太年轻了？**但正因为年轻，日后的成绩更不可限量。

最基本的写法是“虽然有那样的缺点，但还有这样的优点”。如果能在文章的最后说明优点，就能产生一种叫作“近因效应”的作用，在对方心中留下深刻的正面印象。

要点

真诚地写下缺点，反而能赢得读者的信任。

写作时，要用远胜于缺点的优点作为结尾。

触发器5 大家都如此

“你还没用过智能手机吗？”

“体验用户已超过100万人！”

“跟你同期入职的某某人已经在用了。”

第五个触发器叫作“**大家都如此**”。

北野武有个段子叫“红灯大家一起闯就不可怕”。虽然我说的“大家都如此”并不是这个意思，但不可否认，“大家”这个关键词是一个能促使人采取行动的强效触发器。

举个例子，假设在东京等大城市的中枢地铁站里，那些上班或上学路上的人就算看到有人倒在路边，也不会停下急匆匆的脚步。他们熟视无睹的样子，想必会让很多人觉得大都市里的人真凉薄啊！

但是要说他们个个都很无情，却并非如此。如果有人在自己面前倒下，大都市里的人照样会不顾周围人的目光大声呼救，施以援手。如果身处困境的人向他们求助：“可否请您帮帮忙？”

除非有特殊的理由，否则他们一定愿意帮忙。

可是一旦他们变成了穿行于中枢地铁站内人群中的一员，便没有人愿意停下脚步。这到底是为什么呢？

正是因为**大家都如此**。

“大家都如此”这一现象，用社会心理学的术语来说叫作“**社会认同**”。乍听之下，给人一种晦涩难懂的感觉，其实简单的说，就是**大家都在做的就是正确的**。

各种社会心理学的实验早已证明，人在犹豫不决或陷入未知状况时，往往会观察身边的人，采取和他们一致的行动。

你是否也曾在开会或参加联谊时，心里想着要发表某些观点或想鼓起勇气坐到某人身边，但最终却不自觉地看其他参与者的脸色行事呢？

日常生活中，我们之所以会察言观色，也是“大家都如此”这一心理作用的结果。而且社会认同的约束力很强，最糟糕的情况下，它甚至可以置人于危险的境地。

韩国“世越号”沉船事件中，很多人正是受到大家都不逃和留在船舱内感觉更安全这种错误的信息或氛围的影响，才做出了错误的判断，导致没有及时逃生。

可见“大家都如此”这一心理对人们的影响有多么强烈。写作时，如果你要将这个触发器植入文中，需要注意的是一定要了解读者想要靠近或归属的圈层到底是什么。

■ 仰慕的人使用的东西，自己也想要拥有

举个例子，有一个网络流行语叫“美魔女①”。这是一个新造词，寄托着人们即使老去，也想要留住美丽的心愿。感受到这一词义的女性无不支持此说法。

对于渴望归属某一圈层的人们，一旦遇到一个与他们非常贴近的词汇，就会聚集到一起，这也是“大家都如此”的力量使然。如果将这种思维运用到商业领域中，就能实现下述营销方式。

假设你要推销一款新出的天然苏打水，首先应该调查曾经购

① “美魔女”是指35岁以上才貌双全的女性。

买过天然苏打水的消费者。他们有哪些兴趣爱好，属于什么群体？与这款新出的天然苏打水的目标客户是否有共同点？

如果想要吸引众多美魔女，那你可以突出“碳酸成分有利于改善血液循环，保持肌肤健康”这一点，同时加上“明星们喝的可不是普通苏打水，而是天然苏打水”这一信息。如果你能写出如下这样的广告词，就能狠狠地戳中目标客户群体的心。

为什么明星们无论何时都能保持肌肤靓丽？秘密就在于“水”。

假如你在平日的往来中，已经知道了对方想要归属的圈层，这时使用“大家都如此”这一触发器，定能事半功倍。

例如，如果对方喜欢苹果的产品，视乔布斯为偶像，那么在邮件中加上乔布斯的名言就是行之有效的办法之一。

我说过，在植入四大烦恼“HARM”这一触发器时，区分不同的年龄段很重要。如果你想要在文中植入“大家都如此”这一触发器，那么关键点就变成观察对方**仰慕的对象**，也就是他希望和谁在一起；或者观察对方群体的**共同点**，也就是他目前正和谁在一起。

■ 对落单的恐惧促使人采取行动

接下来，让我们借用“**你还没用过智能手机吗**”这则广告来分析一下。

如果我们请刚力彩芽[①]来当模特，再搭配一句广告词：“**咦，前辈，你还没用过智能手机吗？**”对于正在积极考虑换智能手机的年轻人来说，这则广告一定能打进他们的心里。

可是对于五六十岁的人来说，由于他们并不觉得自己属于“前辈”这一称谓所代表的群体，所以很可能会无视这则广告。即使他们看到了这则广告，顶多也只是加深了他们脑海中“智能手机是属于年轻人的”印象而已。

很多中老年人虽然对智能手机有些兴趣，但总觉得搞不明白设置和使用方法。如果我们请大竹忍[②]当模特，再配上一句广告词：

① 刚力彩芽，生于1992年，日本演员、模特。

② 大竹忍，生于1957年，日本演员，曾获第一届日本奥斯卡最佳女主角等多个奖项。

“年轻时的幻想，如今已成现实。快来一起开启智能手机的使用之旅吧！”这样就能点燃中老年客户的兴趣，或许可以让他们意识到其实自己是想尝试智能手机的，从而引导他们做出购买行为。

这是为什么呢？因为人非常害怕只有自己落后于群体中的其他人，所以更容易受“贴近”自己的人的意见所影响。

“××**%的人正在……**”这句广告词采用了同样的手法，它是植入“大家都如此”这一触发器的经典句式。

接下来，请你试着运用“大家都如此”这一触发器设计一条广告词，题目是房地产广告，限时3分钟。

预备，开始！

■ 有效提高消费者购房意愿的方法

我们先来看一个效果欠佳的例子。

✕ 三十好几了，是否应该考虑买房了呢？

如果是我，可能会这么写：

你知道吗？30多岁的人40%都已经买房了。

40%是真实的统计数据。

同年龄段的人四成已经买了房，对于任何一个曾考虑过买房的人而言，这个数字无疑会让他们觉得："糟了……我也该买房才是！"

换句话说，对于有购房意愿的圈层而言，同年龄段的人有四成已经实现了购房愿望这一事实，就是一个强效的触发器。

如果你觉得这句广告词的效果还不够强，这里还有未来想买房者的统计数据。运用这一数据，我们可以写出如下广告词。

"你知道吗？30多岁的人75%都有购房计划。"

同年龄段的人约有八成想买房，这一数字给读者带来的冲击力自然更强烈。

即使此前认为买房离他们很遥远的人，可能也会觉得不能落后于人，从而开始浏览购房网站。

运用"大家都如此"这一触发器的关键在于，观察对方的年龄段或圈层，先发制人地写出能戳中人心的语句。

例如，如果客户的孩子跟你的孩子年龄相仿，那你不妨和客户讲一讲孩子的近况。如果你发现同事跟你一样喜欢吃拉面，何不互相分享一下好吃的拉面店呢？你还可以在文中加入有关对方出生地的梗，以及你所知道的有关对方常去地方的知识等。

举个例子，如果你知道对方是香川县人，可以问对方："听说香川县的人午休时能连着吃好几家乌冬面，这是真的吗？"对方可能会回答："是真的！您真是见多识广。"如此一来，也许就能打开话匣子了。

像这样，提及**特定群体所拥有的特殊习惯**的写法，可谓百试百灵。这时，"大家都如此"这一触发器就能发挥作用，瞬间拉近我们与读者的距离。

要点

先找到对方想归属的圈层（仰慕的对象）或已经归属的圈层（共同点），再提出你的诉求吧！

触发器6 渴望获得认同

被人赞扬、得到认同、获得好评，都是值得开心的事。举个身边的例子，**微信的点赞**和**转发功能**，虽然并不能给我们带来实质性的经济利益，但是看到点赞数量或转发次数变多，我们也会特别开心。这是因为我们心中**渴望获得认同的需求**得到了满足。

我在介绍第二个触发器“内心的想法和表面的说辞”时也提到了，渴望获得他人的认同，这种需求自呱呱落地时起就不曾消失，是人终其一生都会与之共存的一种强烈情感。

人们希望从父母、朋友、恋人、前辈或晚辈、人生伴侣、同事、上司、下属、客户、网络中的众多网友，甚至是初次见面的人那里获得认同。

虽然认同欲的强烈程度因人而异，但不可否认任何人心中都有渴望获得他人认同的想法。

第六个触发器“渴望获得认同”，正是利用了这一情绪。

如果你要借助这一触发器进行写作，关键在于要在文中加入对对方表示认同的话语。你只要表达出“我觉得你在……方面很厉害”的想法，就能在不知不觉中抓住对方的心。

■ 若想影响你的上司，最好的方法莫过于此

假设你在公司里担任科长一职，有一天你带公司的一个晚辈去喝酒。第二天，这个年轻人给你发来一封邮件表示感谢。你觉得下面哪种写法更为抓心呢？

× 科长，昨天特别开心，谢谢您。期待下次还能跟您一起去！

○ 感谢科长昨晚抽出宝贵的时间邀我一同小酌。**其实，我还是第一次去那么高规格的酒吧，**期待下次还能跟您一起去！

再来看看这样的道谢信如何：

× 科长，昨天特别开心，谢谢您。期待下次还能跟您一起去！

感谢科长昨晚抽出宝贵的时间与我一同小酌。谢谢您跟我分享过去在银行工作的经验，并基于这些经验给予我宝贵的建议，**这改变了我对工作的看法**。希望日后您能继续多多指点小辈。

虽然哪种写法都不赖，但显然后者更能抓住读者的心。这是因为后者加入了刺激读者渴望获得认同需求的撒手锏：“**我还是第一次去**”“**（您）改变了我**”。

年轻人口中的“第一次”，包含着许多“我认同你”的要素。例如，“**科长知道这么高规格的酒吧，真的好有品位**”“**科长平时都去那样的酒吧喝酒，好高大上**”“**我好崇拜您**”等。

“改变了我”也同样包含了许多“我认同你”的要素。例如，“**科长思虑之深令人钦佩**”“**久经商场、身经百战的您给我的建议特别有用**”“**您真是一位值得依赖的领导**”“**我受到了您的影响**”等。

“**我第一次遇到能……的人！**”

“**多亏了您的建议，改变了我面对烦恼的态度。**”

“**我还是第一次去那么高大上的地方。**”

“昨天那家店简直改变了我对寿司的认知，以后我恐怕都吃不下普通寿司了！”

“我还是第一次遇到这么设身处地给我提建议的人。”

“还是第一次”“改变了我”这类字眼宛如一针强有力的补剂，满足了对方渴望获得认同的需求。

如果第一次约会后，对方给你发来这样的信息：

“这么开心的约会我还是第一次经历，下次我们再一起去玩吧！”

“没想到散步也能这么开心，和你在一起时连看到的街景也与往日不同。”

你一定会马上开始搜索下次要带她去哪儿玩吧？

不仅如此，这个触发器也能运用于商业领域中。

如果你和客户的高层领导一起去打高尔夫，对方给了你一些建议，那么你可以写：**“您是第一个告诉我这些技巧的人，听了您的建议，我感觉自己挥起杆来比以前进步了很多。”**

如果在酒桌上，前辈跟你说起公司创业期的奇闻轶事，那么你可以说：**“我还是第一次听说。原来是××部门支撑公司走过**

了创业期！您这番话改变了我对咱们公司的看法。”

如果有年轻人告诉你最近的流行趋势，你可以写：“**听你说我才知道，有什么新潮流下次记得分享给我啊！年轻人的想法让人不得不刮目相看……**”

无论对方年龄多大，“还是第一次”“改变了我”这些话语都能戳中对方渴望获得认同的需求，真可谓一个屡试不爽的撒手锏。

要点

在文中加入“还是第一次”“改变了我”之类的字眼，唤起对方渴望获得认同的需求，如此便能让对方欣然行动起来。

触发器7 专属于你的

你喜欢过生日吗?

想象一下在餐厅营造的生日惊喜：餐厅里灯光突然暗了下去，服务员端着插蜡烛的蛋糕朝你走来，大家合唱起《祝你生日快乐》。你吹灭蛋糕上的蜡烛，耳边便响起一片“生日快乐”的祝福声和热烈的掌声。服务员再次调亮灯光，你仔细一看，发现蛋糕上写着“××，祝你生日快乐”……

这就是我要讲的触发器“专属于你的”。

> **因为是你，**我才敢说……
> 你可**不要把这个消息告诉其他人。**
> **读者的专属**福利。

人们对于“专属于你”这种设定总是毫无免疫力，内心轻易就会被打动。

运用“这是专门为您一人准备的”这个句式，再强调一下该事物的**稀缺性（量少且珍贵）**，这一招真可谓所向无敌。

例如，写邮件时在开头写下这样一句话“**这件事我只告诉你一个人（特殊感）**”，末尾再添一句“**我还没有向部长报告，拜托您先替我保密（稀缺性）**”。无论邮件的内容如何，对方一定会觉得这封邮件非常珍贵。因为这不仅是专属于对方的，而且还是限定版的信息。

■ 比起限量，人们对限定版的信息抵抗力更低

很多心理学家已经通过实验证明限定对事物的价值带来的影响，如社会心理学家斯蒂芬·沃切尔的曲奇实验。

实验者事先准备了A和B两个瓶子，A瓶里放着10块曲奇饼干，B瓶里放了2块。其实就是通过控制数量，赋予事物以稀缺性。

然后实验者询问吃过AB两瓶中饼干的人：“如果下次让你选，你愿意吃哪一瓶的饼干呢？”虽然AB两瓶里的饼干都是一样的，但大家都选了B瓶。

结论就是当原有的东西或你手里的东西由充足变得稀缺时，人们就会变得容易被影响。

有许多实践案例都是以这一理论为依据的，包括“**限定销售**”“**库存紧缺**”“**仅限今日**”等，都运用了这一理论。很多名牌商品为了提高商品价格，无论多畅销都绝不量产，也是基于同样的道理。

如果要将这一技巧运用到写作中，刚才我举的“我还没有告诉部长，拜托您先替我保密”就是一个很好的例子。这句话明确地告诉对方，这是一则限定版的信息。

再举个例子，当你的下属因KPI[①]太高，无法完成而泄气时，发这样一条信息给对方，一定能让他动力倍增。

> ○ **我只跟你说，**听说上级正在商量要给这次活动KPI达标的销售发放特别奖金。**这个消息我只告诉了你一个人。**咬咬牙再坚持一下吧，加油啊！

① 关键绩效指标，key performance indicators，简称KPI。

又如，在广告推销邮件的标题上加上这么一句话，就能让人忍不住想点开一看究竟。

> 预售通知：开售前72小时半价。**此消息仅发送给在本店消费超过5次的客户，不对普通客户公开，还请您替我们保密。**

这句话告诉收件人：这不单纯只是您的专属优惠方案，这则消息本身就是专门发送给您的。通过双重限定，就能以压倒性的力量打动读者的内心。

要点

当原有的事物受到管制或限制，当曾经拥有的东西消失殆尽时，人的占有欲就会被激发出来。

小专栏2 利用厨房定时器从潜意识中挖掘“好词好句”

写作时，你是否曾经因为不知道该如何遣词造句，不知道如何表达而烦恼？

也许你知道自己想表达什么内容，知道自己想让对方做出什么行动，但却不知道该用什么语言来表达？日语中有个说法叫“**ボキャ**貧（词贫）”，说的就是很多人“词”到用时方恨少。你是否也有这种烦恼呢？

其实，我自己也有不少次因为想不出合适的表达，而写不下去。但是，如果这时候就此停笔，那就真的什么也写不出来了。

这种情况下，我的解决办法是把自己能想到的相关的词汇、说法和近义词通通都写下来，想到什么就写什么。

这种方法叫作“**头脑倾泻**”，是专业的广告文案撰稿人也在践行的一种寻找文案灵感的方法。尝试过这种方法之后，你就会发现自己并非缺乏词汇，而是缺乏耐心把这些词汇从脑袋里揪出来。

“头脑倾泻”的作用就是要让头脑里的信息倾泻而出，以文字的形式展示出来。

这个过程就像一辆翻斗车把运送的沙土和石子等一口气全倒出来一样，追求的是要把大脑里的信息悉数掏出。

方法很简单。你只需要准备一支笔、一本大一点儿的笔记本，然后设定一个主题，想到有关的词汇和语句就通通写下来，仅此而已。你无须准备任何参考书籍或资料，因为**该写的内容全都储存在你的大脑里**。

假设主题是“介绍iPhone12的亮点”，你不必苦思冥想，凡是你认为是亮点的地方，写下即可。无须在意你写得是否客观，只要用自己的语言把你觉得好的地方写下来就可以了。

例如，设计优越，相机性能更好，指纹认证功能非常方便，画面越来越好看，电池续航更持久，史上最薄的苹果手机，用刚推出的新款手机很有面子，出门时用来看视频很方便等。

当你觉得已经把能想到的全都写出来了，那就换一种说法或表达方式接着写。

例如，铝合金和玻璃无缝衔接的设计太酷炫了，新版芯片让游戏更顺畅，新版相机还能拍慢动作等。

再举个例子，如果你想写一封情书，那么可以把头脑倾泻的主题设定为“喜欢心上人的哪些特点”，这样写出来的词句自然又会不一样。

例如，长相好、微笑时让人如沐春风、聪明、无所不知、能替我出主意、喝啤酒的样子真豪爽、对工作一腔热血、身材曼妙、性格开朗、考虑周详、不浪费食物、细致周到、是我的开心果、志趣相投、价值观相近、有钱、有车、长得高、手很漂亮、性格合得来，总而言之就是喜欢……

总之，就是要使劲把装在头脑里的词句写下来，全部倾泻而出，以文字的形式展现出来。

当看到笔记本上的空白逐渐被你罗列出的文字填满时，你一定会为自己词汇量之丰富感到惊讶。

■ 在定时器限定的时间内使劲写

我在给自己的书设计标题时，一定会用“头脑倾泻”的方法，有时甚至能写上一整天。久而久之，我就发现了一个办法，可以帮助我从大脑里揪出自己常用范畴以外的词汇。

那就是**不琢磨，直接写**。

为此，我每次都会给自己设置一个每5秒响一次的闹钟，逼自己每5秒写出一个标题。通过这种方式，我居然能写出连我自己都感到惊讶的标题，让我不得不感叹："天呢，我的脑袋瓜里竟然装着这般好词佳句。"

虽然这么说，5秒一句毕竟难度比较大，建议大家先从15秒开始，定时道具就用厨房定时器之类的东西即可。

我还有一个更狠的招数，那就是**不停笔，一直写**。

总而言之，就是不要停笔，马不停蹄地一直写就对了。哪怕到最后你只能写出一些像"身体""水""火"等看不出有何关联的词汇，也不能停笔。我通常会一直写到钢笔没墨水了才停笔。

通过这种方式，你能在笔记本上写出藏身于潜意识的文字，写出让自己都难以置信的文字。最后，你只需查看这本罗列了诸多字词的笔记本，根据自己的目的将其组合成文即可。

你还可以把用来进行“头脑倾泻”的笔记本作为自己的创意笔记来使用。这样不管是写推荐苹果手机的博文，还是给心上人写情书，你都能游刃有余，不必再为如何措辞、如何表达而烦恼了。

因为，当你看着这些自己写下的字词时，写作思路自然会清晰地浮现在你的眼前。

小结 能促使人行动的7个触发器

触发器1：兴趣

人们讨厌无聊，如果面对自己热爱的事情便能废寝忘食。只要涉及对方的兴趣，对方自然就会行动起来。

触发器2：内心的想法和表面的说辞

人们总是在内心的想法和表面的说辞之间不断摇摆。二者之间的缝隙充满了能打动人心的能量。

触发器3：烦恼

人们总想解决自己的烦恼和心结。如果对方知道你能替他解除烦恼，那他一定会行动起来。

触发器4：损失与获利

在人们心中，“不想受损失”的想法通常比“想获利”的想法更加强烈。告诉对方不会吃亏的，让他放心，就更容易让对方行动起来。

触发器5：大家都如此

人们总想避免脱离自己所属的圈层。并且，人们容易受和自己有共同点的人的影响。

触发器6：渴望获得认同

多数人如果无法获得他人的认同，就难以立足于世。满足对方的自尊心，就能让对方兴致勃勃地继续阅读。

触发器7：专属于你的

人们一旦即将失去自己所拥有的东西，强烈的占有欲就会被激发出来。并且，人们总是希望只有自己受到了特殊对待。

CHAPTER 04

套用就有效的5个写作技巧

直接套用就能操控人心的技巧

在本章中，我将为大家介绍5个在实际写作过程中可以直接套用的技巧，教给你如何打动人心的5个写作模板。

如果你手头上有以前写过的邮件或策划书，不妨拿出来，看看是否使用了这5个技巧。

这5个简单的写作技巧可以运用在所有文体和各种篇幅的文章当中。我要介绍的写作技巧共有5个，不过大家没必要在一篇文章中悉数用上，只要根据实际情况选择其中一个合适的技巧即可。

你只需要直接套用这5个写作技巧，就能打动读者的心。

话不多说，让我们先来看看第一个技巧吧！

套用5个写作技巧，随心所欲地引导读者采取行动

技巧1 正面的开头

第一个技巧是“正面的开头”。这里所说的开头，相当于演讲中用来吸引观众注意的开场白。

试想一下，一位以精明强干著称的企业家登台演讲时，一脸严肃地环视观众，说：“大家老说我成天板着脸，今天就让各位看看我笑起来的样子怎么样。”说完特意展现可爱的笑容，这就是一种幽默的开场白。

又如，一位热血沸腾的咨询师一上台就说：“我感觉现场的温度从刚才到现在足足上升了3℃！”通过夸赞现场氛围热烈来吸引观众的注意。

擅长演讲的人总是能用一两句开场白点燃现场的气氛，为自己加分。其实，写作也同理。

运用“正面的开头”这一技巧，以一种明快的笔调开篇，仅此就能抓住读者的心，让读者想要继续读下去。

没有必要写一些标新立异、语出惊人的词句，你只需要把那些千篇一律的固定句式，改成语气稍微明快一点儿的句子即可。

比如这样：

× 辛苦您了，前几天会议上讲的……

○ 早上好！前几天会议上讲的……

× 前几天真是麻烦您了，您带我去的那家餐厅特别好吃……

○ **谢谢您前几天带我去吃饭，让我品尝了前所未有的美味。有生以来我还是第一次见到用夏多布里昂牛肉做的汉堡饼。入口即化，鲜嫩多汁，我都惊呆了！**

如上所述，发邮件时，与其用“辛苦您了”开头，不如用“早上好”；发信息道谢时，与其写“前几天麻烦您了”，不如改成“谢谢您前几天带我去吃饭，让我品尝了前所未有的美味”。

开头写得正面一些，整篇文章给人的第一印象也会不一样。

各位不妨看看自己平常写的邮件，是否也经常使用“辛苦您了”开头呢？

■ 只需稍微改动开头，就能影响读者对你的第一印象

你或许会想："只是改动开头而已，真的会有效果吗？"

那就请你试着想象以下场景：假设你约了一位素未谋面的人见面，一个满面笑容跟你握手的人和一个面无表情抱臂而立的人，你对哪位印象更好呢？

答案不言而喻：满面笑容＝开朗豁达，平易近人；面无表情＝心情不佳，有点儿可怕。

人在瞬间感受到的第一印象，往往会给日后的交往带来长久的影响。初次见面给人带来的印象，远比大家想象的还要深刻。

为什么这么说呢？这是因为初次见面时，人的内心会产生一种叫作"**首因效应**"的心理变化。

据说，初次见面时，人们对对方的印象通常是在7秒内定型的，而这一印象会持续半年之久。

文章的开头亦然，换言之，**开头就是读者与文章的初次见面**。

以上述邮件为例，后者的开头可以给读者带来如下印象：

"这句'早上好'，让人觉得写邮件的人充满干劲儿。"

“能让他感觉‘品尝了前所未有的美味’，看来那顿饭真是请得值了。”

只需稍微改动开头，我们就能让对方觉得这封邮件写得不错，能让对方开心起来或引起对方的注意。

仅仅是细微的变动，就能让开场白变得具有吸引力。如果一开始就能成功引起对方的兴趣，那么接下来要写的工作报告也好，感谢信也好，策划书也好，一定都能给对方留下不错的印象。

开头或开场白一定要足够正面，这是所有文体，无论是商务文件还是私人信件都适用的写作技巧。

■ 不知道开头怎么写，就用正面的口吻写下你的经历

那么，具体该如何应用“正面的开头”这一技巧呢？下面我将以日常的邮件往来为例进行说明。

如果对方是曾与你共度休闲时光的公司前辈、客户公司的大人物或因为共同爱好而结识的人，那么你在给对方发邮件时，**开头加入一些正面的经历，就能瞬间戳中对方的内心**。

要记得用上以下关键词/关键句，如“第一次”“改变了我”“还有很多话想跟你说”。

此外，再加上一些能表达正面情感的词，如“开心”“惊讶”“感动得热泪盈眶”等，把具体的情感诉诸笔端。

开头第一句就算是公式化的问候语也无妨，如“前几天很感谢您”。因为“很感谢”就足够正面了，只是接下来一定要写上所要分享的经历中你觉得最开心的部分。

关键在于，将你内心的情感变化诉诸笔端，转换成文字。

○

感谢您前几天带我去海边，还让我坐了摩托艇。其实，那是**我有生以来第一次**坐摩托艇。

以前我从未觉得大海是如此广阔无垠，那种视觉冲击甚至**改变了我对人世万物的看法**，让我体验到了什么叫“寄蜉蝣于天地，渺沧海之一粟”。

那天**原本还有很多话想跟您说**，但实在太开心了，一转眼的工夫一整天就过去了。

你只需把“摩托艇”“大海是如此广阔无垠”等内容，改成你们一起去过和待过的地方，这段文字就能运用到各种各样的场景当中了。

另外，“**有生以来第一次**”使用的正是我在第三章中介绍的第六个触发器“渴望获得认同”这个撒手锏。

当对方在首因效应的影响下，对你写的文字产生好感之后，接下来用稍微夸张一些的正面表达效果会更好。“第一次”“改变了我”这些很普通的词汇，却能够直截了当地告诉对方“**你给我带来了强烈的影响**”。

这能充分地满足对方渴望获得认同的需求，让对方产生“下次还邀请他去”的想法，促使对方采取下一步的行动。

如果只写一句干巴巴的“前几天很感谢您”就结束了，没有任何情感的波澜，那么你写的文字顶多只能被读者匆匆扫过而已，更遑论要打动对方了。

能否让对方用心阅读你写的文字，关键就在于最初的两三行。

开头（或者说开场白）要写得正面一些，**将你的情感和你们的共同经历融入文字中，牢牢地抓住对方的心吧！**总是草草写上一句“前几天真是麻烦您了”就完事的人，从今天开始改变你的写法吧！

要点

想让文章的开头给别人留下一个好印象，就要正面且详细地将你的情感和你们的共同经历写下来。

技巧2 不断重复

第二个写作技巧叫作“不断重复”。

顾名思义，就是**使用不同的说法来重复表达同一意思和情感**。

重复表达同一意思和情感的作用在于，它能大幅提升文字的说服力。至于为什么会这样，原理留待下文揭晓。

我想先来让大家看一封有效运用了“不断重复”这一技巧的商务邮件。

这是一封投资说明会的邀请函。这封邮件多次重复了有关“投资说明会”的词汇，运用各种不同的说法，其实目的都是建议读者为了未来准备资金。作者只是借助读者的家庭环境进行包装，换了一种说法进行表达，就构成了一篇能激发对方兴趣的邮件。

××先生/女士：

您1月19日（周一）有时间吗？

近来正值换季时节，气温多变，不知贵体是否安康？

上次与您见面时，听您说起令郎已经上小学了，您说他跑得很快，想必已经在人生的第一次运动会上大展身手了吧？参加的项目是接力还是短跑呢？

今天联系您，是想邀请您参加我们的**投资说明会**。

一般情况下，把一个孩子培养到大学毕业需要1000万日元的教育经费，上私立大学则需要2000万日元。我想您现在正处于需要为孩子准备教育经费等各项**未来发展资金**的阶段。我们不仅有**教育基金保险**，还有多款收益预期良好的**稳健型投资产品**，此外我们还准备了受普通家庭欢迎的常规投资产品。

这次说明会很适合考虑**长期投资**的人，欢迎您参加。如果您想为了孩子的未来开始**投资**，那么现在就是最好的时机。

P.S.我还有一个专门带给您的好消息，希望可以在会场单独告诉您。烦请您到了会场之后联系我。非常期待与您见面，到时还想听您讲讲运动会上的趣事。

…………

■ 通过不断重复增强说服力，成功率竟高达82%

你或许会觉得同一个意思的词重复那么多遍，不会显得很啰唆吗？其实，社会心理学家威尔逊已经通过实验证明了多次重复的效果。

参与实验的是民事审判的陪审员，威尔逊通过实验调查了主张被告无罪的证词究竟有多大的说服力。

结论是与一次也不重复的证词相比，重复3次的证词说服力提高了46%，重复10次的证词则提高了82%。

但是，其他实验也证明了在使用“不断重复”这个技巧时，**有一个绝对不能犯的致命禁忌**：同一个词使用3次以上。

重复同一意思和相同的情感能增强说服力，但如果不断重复同一个词，对方马上就会感到厌烦。

想一想夫妻之间、上司下属或师生之间的对话，我想应该有很多人深有同感吧？如果有人对你说：“这个你要按照这样的顺序去做。”你回答“好的”之后，那人又把这句话完完整整地重复了一遍，你说烦不烦人呢？

人们在阅读文字时，也会出现与此相同的心理变化。

大家知道有种文体叫作“评论文”。评论文向来给人以一种阳春白雪、曲高和寡的印象，正是因为它触犯了重复的禁忌。

评论文在形式上要求先说明立论的前提，再介绍过往的事例，然后进入正题。在这个过程中难免要多次重复同一种表达，而且往往是费解的专业术语，重复三四次之后，普通读者自然会厌烦。

无论你写的理论具有多么重大的划时代意义，如果没人想读，就难以推而广之。

关键在于要换不同的表达方式重复10次。你要有丰富的表达方式储备或近义词储备，供你换着法子表达10次。

善用“不断重复”的技巧，就能在成功吸引读者注意的同时，提高文字的说服力。

■ 帮你紧紧抓住上级的心和拓宽人脉的写作秘密

在运用“不断重复”这一技巧时，最重要的是要学会换一种说法来表达。要如何成功做到这一点呢？秘诀就在于想象读者的情感。例如，你想让对方下次继续邀请你，那就想象一下：**如果是自己，什么样的人会让你见过之后还想再见一面呢？**

就以我的新爱好高尔夫为例，假设你要给邀请你去打高尔夫的人写一封邮件，感谢对方的邀请，同时把希望对方下次继续邀请你的心情写进这封邮件里。

首先，开头要正面，至少要写上一句“**我非常开心**”。虽然这句话平淡无奇，但邀请你的人读了一定会心情愉快。

高尔夫通常是4人一组轮流打，参与者往往可以借机认识新的朋友。因此，你可以写上一句“**借此机会结识了很优秀的朋友**”，并表示感谢，这又是一次正面情感的表达。

如果在打高尔夫的过程中，对方给了你一些适当的建议，那你可以写：“**您教得比高尔夫学校的教练还简明易懂。**”

实际上，这几句话殊途同归，都是为了让对方下次继续邀请你而写的博对方一笑的话而已。这么想的话，你就会发现换一种说法来表达，其实并没有那么难。

你只需要以正面的口吻来阐释你们之间的互动，将其逐条写下，再加入文中即可。

然而，如果你写的时候只考虑到自己的目的——希望对方再次邀请自己，那就很容易一不小心写成这样：“真的非常开心，期待下次您能继续邀请我。”

写的人可能会觉得“我把‘希望他再次邀请我’的想法大胆地写出来了”，从而陷入自我陶醉式的成就感中，但是收到这封邮件的人又会做何感想呢？恐怕他会把这封邮件的内容当成客套话，匆匆扫过一眼便抛诸脑后吧，这样又何谈打动人心呢？

重点在于，不断重复“想让对方邀请你”这一情感。

■ 收割人心的写作方法：运用“5W1H”轻松学写作

“至今回想起那天，我还是觉得非常开心。”

“这次我结识了许多很优秀的朋友，促使我对今后的工作方式进行了一番思考。”

“您教的击球技巧比高尔夫学校的教练还简明易懂。”

上述几句话的内容，完全没有提及“希望您下次继续邀请我”。但因为每句话都清楚地表达出自己的情感，所以能让对方觉得：“看来他打得很开心，下次有机会还要叫上他。”

东方文化讲究客气，如果被人问及：“今天怎么样呀？”通常大家都会给出一些不痛不痒的回答，如“很好玩”或“很开心”之类的回答。但是，如果你真的想让对方再次邀请你，那就需要把你的情感转换为具体的语言。

例如，**怎么个好玩法？是什么让你觉得开心？**把你的情感表露出来，才能打动对方的心。

如果你实在想不到该如何重复同一意思和情感，最简单的办法就是套用“5W1H”。

Who：“何人”或“何人的行动”让你觉得开心。

What：“何事”让你觉得开心。

When：“何时”让你觉得开心。

Where：“何地”让你觉得开心。

Why：“为何”你觉得开心。

How：“如何”让你觉得开心。

补充一句，“When（何时）”也包含“那时”或“正是在这种情况下”的意思，如“在我没能融入会场氛围时”“在我泄气时”。

同理，如果你对“5W1H”的其他各项进行深入挖掘的话，表达同一意思和情感的词汇就会源源不断地从你的脑海中涌现出来。

要点

选择合适的措辞描述你想表达的情感。

信息重复的次数越多，说服力越强。

小专栏3 通过表达训练提高文字影响力

想写出能打动人心的文章，要懂得见人下菜碟，根据不同的读者调整遣词用句。除了要有丰富的词汇量之外，写作时，我们还要注意读者的年龄和性别。虽然表达的意思是一样的，但面对不同的读者，要根据具体的对象，选择不同的表达方式。

要做到这一点，靠的并不是才能或天分，这是一种可以通过反复训练和实践而掌握的能力。

在此，我想向各位推荐一个训练方法：假设你的面前有3位不同年龄段的读者，你需要根据读者的年龄采用不同的写法。例如，你可以尝试着根据以下场景来练习邮件写作。收件人当然也可以替换成你的亲人、朋友和恋人等。

练习1 假设你要给50多岁的上司、30多岁的同事和20多岁的年轻人分别写一封邮件道谢，面对不同年龄的收件人，要使用什么样的文字才能戳中他们的内心呢？

练习2 假设你要给3位产品测评员分别写一篇说明，介绍需要她们测评的产品。这3位产品测评员分别是20多岁的女大学生、30多岁的职场女性和40多岁的家庭主妇，针对这3位不同年龄的女性，你该如何描述商品的特征呢？

练习3 分别给20多岁的双职工家庭（未生育）、40多岁的育儿家庭和60多岁的老年家庭写一封介绍投资产品的邮件。

各位写得如何，还顺利吗？

下面我将介绍一组针对不同对象，采取不同写法的范文。如果你觉得上面的邮件练习写得不尽人意，读完下文后，别忘了再挑战一次。

■ 针对3位不同年龄段的读者采取不同写法的范文

假设你要分别向长辈、同辈和晚辈说明**学习的好处**，那么该怎样写才能抓住对方的心呢？

我本人很喜欢涉猎各个领域的专业书籍，喜欢通过这种方式来增加自己的知识量。大概我也算得上是酷爱学习的那类人。如果要让我向长辈说明学习的好处，那我会这么写：

> 与前辈相比，我经验不足。论人生阅历，我与前辈有天渊之别，个中差距是我这辈子无论如何努力也填补不了的。一个人经历的岁月越多，积累的经验和知识就越多。各位前辈的经验，晚辈望尘莫及。
>
> 因为我一直希望前辈可以多分享一些人生经验给我，让我学习，所以一直都很重视和长辈的往来。但是一味向前辈单方面索取经验实在让人于心有愧，所以我坚持学习专业知识，希望可以尽自己的微薄之力来回馈长辈。即便是年轻人，也能够通过努力学习，积累大量的专业知识。长辈教给我许多智慧，我只求可以日积跬步，一点一滴地回馈等量的知识给长辈，为此我将继续努力学习。

学习＝为交换经验而修炼自我。

运用这种表达方式就能使长辈心悦诚服。“懂得‘经验比知识更重要’的道理”“为了让前辈给自己分享更多的经验而学习专业知识，用专业知识回馈对方”，这些要素都能满足前辈的自尊心。

那么，如果对象是晚辈，又该怎么写呢？这种情况下，文中应该添加的要素就变成了希望、梦想和对未来的展望。如果读者是一名高中生，我会这样写：

> 提到学习，你可能立刻会想到学校里的课程而心生厌烦。我个人觉得，如果不喜欢在学校学习，那不学也罢。
>
> 人们常说："不上大学就找不到好工作。"其实当你真的步入社会，开始工作之后，你就会发现事实并非如此。
>
> 当然，如果你在学校努力学习，考上一所好大学，再进入一家不错的公司，自然不必为生计而烦恼。但是如果为了赚钱维持生活，你将不得不连续几年做自己并不喜欢的工作，那是让人非常痛苦和难受的。
>
> 你还年轻，拥有很多时间。如果不喜欢在校内学习，不学也可以。但是，你要找到一件自己喜欢的事，一件你愿意一天投入十几小时去做的事情。找到之后，就要坚持不懈地去做。如果你能够完全沉浸在某件事情当中，一定会获得一些新的成果。
>
> 长时间专注地探索某一条道路，这也是一种理想的学习方式。可能这未必能直接与工作挂钩，但在你坚持的过程中，周围的竞争对手就会越来越少，甚至到最后只剩你一个人。相信到那时，这件你喜欢做的事已经成为你的工作了，它一定能够给你带来充足的生活资金。

学习＝圆梦，这个观点最能戳中年轻人的心。

最后是写给同辈的内容。

> 我步入社会之后仍然坚持学习，这给我的人生带来了翻天覆地的变化。最初，我是以表演者的身份参演电视节目才为大家所知的，但我觉得这样无法长久持续下去，于是我开始学习商务知识，并把它与心理学结合在一起，为企业提供咨询业务，后来这成了我的一项新工作。
>
> 如果你对现状感到焦虑或不自在，不妨也试试学习一门新知识。学习可以改变人生。只不过两年的时间，效果就已经在我身上显现出来了。

学习＝一扇改变人生的大门。内容可能有些夸大其词，但如果对象是同龄人，我会强调学习是改变现状的契机这一观点，包括考取资格证和钻研副业等。

由此可见，根据读者年龄段的不同，说明学习的好处的方法也大不相同。只有找准能戳中不同年龄段的关键点，才能学会有的放矢，针对不同的人写不同的文章。

观察读者、研究读者、改变措辞，这就是表达训练的方法。

接下来，请你再次挑战我在本专栏开头留的练习题吧！

技巧3 像对话一样写作

你还记得基于心灵术的写作方法第二个原则是什么吗?

不追求漂亮!

我们应该追求的是能触动对方情感的文字，我是这么建议大家的，对吧?

如果一心想写出漂亮的文字，只会让文中的情感变得匮乏，导致你心生不必要的执念。例如，认为开篇第一句必须足够惊艳，通篇必须没有任何错误等。

因此如果第一句想不出来，就没办法接着往下写。长此以往，写东西成为一个痛苦的过程，使你对写作心生厌恶。但因为业务往来的需要，你又不得不写，所以你便一直依赖写作模板。最终你会变得难以用文字来表达自己的感情，也无法用文字来打动对方的心。

第三个技巧“**像对话一样写作**”，就是一种能让你摆脱这个恶性循环的训练方法。

其实，我们平日里张口就来的对话是一种非常高难度的互动形式，无论该对话是在发生在职场、酒馆还是家里。

此言何解？因为对话过程中包含了表情、肢体动作、手势和语气等语言之外的诸多信息。

举个例子，某天傍晚在公司里，一位前辈和他的晚辈进行了如下对话。

“你都准备下班了，我才来找你，真不好意思。你可以帮我处理一下这份文件吗？我实在腾不出手来了。”

“可是前辈，您前阵子不是说过这件事交给您了吗？您现在才叫我帮忙，我也爱莫能助啊，因为今晚我还有安排。”

“你就行行好，帮我一把好吗？凭你的Excel①技术，一小时就能搞定，其他人做不来。日后我一定会好好补偿你的，拜托了！”

“今天真的是最后一次了，下不为例啊！”

“你真是帮了我大忙了！”

---

① Excel是微软官方推出的一款办公软件。

如果像平时一样恭敬客气地通过商务邮件进行委托和回复，那可不是一两句话就能达成一致的。但是，如果以对话的形式，就能你来我往，轻轻松松地展开互动了。

你可能会觉得这是因为他们已经建立起良好的关系，但真实原因并不在此。

■ 只需把对话文字化，就能增强说服力

为什么这么说呢？这是因为**与文字相比，人们更容易记住对话的内容**。

对话中包含了双方的表情、动作等视觉信息，所以更容易停留在人们的记忆中。

不仅如此，一问一答的形式还使得对话的内容更容易表达清楚。

以上文的对话为例，晚辈记得前辈说过“这件事就交给我了”，对突如其来的委托面露难色。

当然，前辈也记得自己说过的话，对晚辈会做出不乐意的反

应应该是有心理准备的。正因为如此，前辈马上夸赞晚辈的能力，抬高对方，并估算了处理这项工作所需的时长，然后再次请求对方帮忙。

关键在于，**想象一下自己说完之后，对方会做出怎样的反应**。我们在对话的同时，也在不停地进行各种想象。

东方人讲究察言观色，当我们和别人说话时，大脑其实在不停地模拟着“如果这么说，对方会怎样回答”，所以我们对对方的回答和反应印象也更加深刻。

写作时，要边写边想象对方会如何回答自己抛出的问题。

换言之，就是要把对方的疑问和反应也写进你的文字里。这就是运用“像对话一样写作”这一写作技巧的秘诀。

可能有人会想：“这一定很难吧？”

你放心，其实很简单。你平时不也一直在和身边的人对话吗？每个人都在边想象着对方的反应，边你一言我一语地进行日常交流。所以，你已经具备了运用“像对话一样写作”这种技巧所需要的想象力。

接下来，就请你试着把对话的过程写下来，比如这样：

他：要写出能让人行动起来的文字，听着就很难。

我：放心吧，运用这个方法就能轻松地写出来了。

他：真的吗？该怎么做才能轻松写出能让人行动起来的文字呢？

我：首先，写一段对话，把自己和对方的对话过程写下来。不要想得太复杂，平时怎么说就怎么写，非常简单。

他：然后呢？

我：然后，把写好的对话改写成一整段话就可以了。

他：为什么这样就可以写出能让人行动起来的文字呢？

我：因为，在写对话的过程中，对方的反应自然而然会被写进文中。如此一来，这段文字就成了站在对方立场上写的文字，所以就变得更容易让对方行动起来。

他：原来如此！这样的话，我应该也能写好。

如上所示，试着一人分饰两个角色，像说相声一样把对话写下来，然后把它整合成一段文字。

或许你会觉得要写出让人行动起来的文字很困难。

放心吧！只要运用这个方法，任何人都可以轻松写出能让人行动起来的文字。

首先，写一段对话，就像平时说话一样，把自己和对方的对话内容直接写成文字。不要想得太复杂，只要把对话的内容直接写下来即可。

然后，把写好的对话连接成一段文字。

在写对话的过程中，对方的反应自然而然会被写进文中。这段文字就像平时的对话一样，成了一段站在对方立场上来写的文字，所以也更容易让对方行动起来。

怎么样，这个技巧是不是比你想象的还要简单？要想好好磨炼这个技巧，多多进行日常训练是最行之有效的方法。你可以选一部很火的电视剧，试着将其中的对话场景写成文字。通过这样的训练，就能大幅提升“像对话一样写作”的能力。

要点

写作时，先一人分饰两个角色写出一段对话，然后经过整合，如此就能轻松写出可以打动人心的文字了。

技巧4 升温，降温，再升温

“升温，降温，再升温”这个技巧，可以让各位写出有张有弛的文字，营造令人感动的氛围。下面就让我开门见山，为大家详细说明吧！

首先，正如第一个写作技巧“正面的开头”所言，我们要以一种高昂的笔调开篇。

可能有人会以为接下来通篇都应该贯彻这种正面的论调，其实不然。

我们应该**在中途制造一个低谷**：一改原本明快的笔调，描述一些负面信息，或者说会让读者感到焦虑的内容。

然后，要在临近结尾时，再次反转，推翻上述负面信息或会让读者感到焦虑的内容，以一种昂扬的笔调结束全文。

这么写的目的，不只是为了让你的文字变得有张有弛，更是为了故意引起读者内心焦虑之后，猛地煽动对方的情感。

比起从头至尾一直让对方的情感升温，中途一度降降温，可

以使对方的情感起伏更剧烈，让感动来得愈加深刻。

如果能让读者的情感像坐过山车一样剧烈地起伏，那对方在读到结论时所感受到的情感就越强烈。

例如，在写情书时，你可以运用这个技巧。先写自己有多么真挚地喜欢对方，接下来坦白自己身上的一些负面因素，即消极的部分。

当对方略微感到焦虑时，你再继续写道："即便是这样的我，只要和你在一起，我便无所不能。希望我能变得更强大，与你一起并肩走过今后的日子。"你可以就此结尾，也可以写一些更热烈的情话。

关键是要先用正面的话语使对方的情感升温，然后用容易让对方感到焦虑的自白给对方的情感降降温，最后提出完美的解决方案，再次使对方的情感升温。

实际上，电影大片或畅销小说的故事线**基本上都是"升温，降温，再升温"的结构**。

这是因为当你唤起对方的焦虑情绪后，再将其扭转过来，前后的落差越大，情感的变化就越强烈。

危机能制造感动

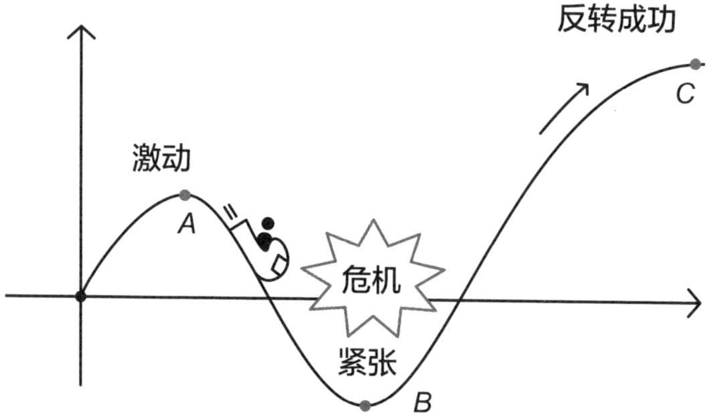

平铺直叙无法制造感动

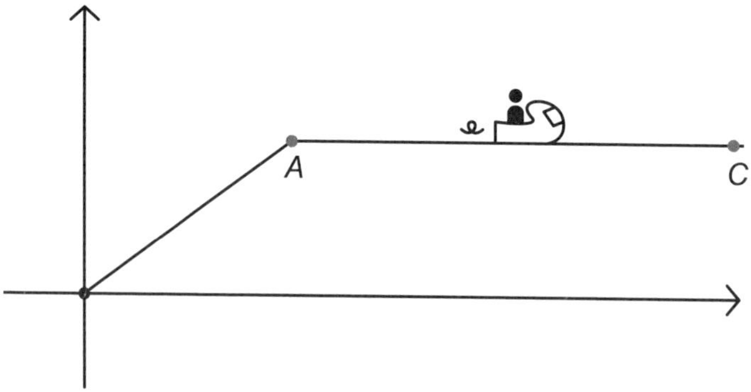

例如，在电影或小说中，先以主人公与伴侣愉快的邂逅开场，随后主人公的伴侣被病魔击倒，主人公在与生命中举足轻重的人死别之后，看破死亡，重新振作起来。

又如，阳光健硕的主人公闪亮登场后，受到反派多番阻挠，最终死里逃生，救出他人。

又或者先刻画主角——一个傻里傻气的侦探，被无辜卷入一起扑朔迷离的案件当中，随着对案件中一个个复杂谜团的分析，最终在机缘巧合之下成功破案。

你是否觉得这样的故事线似曾相识？其实万变不离其宗，它们都采用了“升温，降温，再升温”的结构。

如果能将这种结构运用到邮件、策划或情书的写作当中，你就能写出富有故事性的文字。

■ 只需改变顺序，就能让你的文字富有故事性

例如，当你向领导汇报一款备受瞩目的新产品顺利生产完工时，你可以这样写：

> 本次生产的新产品效果远超预期！（A）
>
> **但是，如您所知，部分零件生产进度延迟，影响了整体进程，导致本次预计的交货时间比以往晚了3天。**（B）
>
> 虽然如此，现场的作业人员还是努力生产，追赶进度，最终生产出这款无论从设计上还是性能上都优于市面上其他竞品的产品。目前我司接到的预售订单已经超过预计的20%。新品发布会即将举行，各位领导敬请期待！（C）

你试着把范文中的粗体字部分（B）遮住再读一遍，就能明白有何不同了。

运用“升温、降温，再升温”这个写作技巧时，具体有3个关键点要掌握：

首先，要把你认为目前情况下最积极的话题放在开头；

其次，开诚布公地写出你必须汇报的负面信息，引发读者的焦虑情绪，紧接着提供应对和解决的方案；

最后，引导出一个积极的结论，以此结尾。

■ 文字可以化危机为良机

此外，当你觉得这件事不太方便开口，或者认为对方听了这个消息后，脸色估计会很难看，想要尽可能息事宁人时，这个技巧也能派上用场。

写法很简单，把难以开口的内容安排在正面的开头和可行的解决方案之间即可。这个技巧也可以运用于私人场合，如突如其来的工作安排打乱了你的周末计划时。

○

这段时间工作确实有点儿忙不过来，因为公司刚刚推出了一款畅销品。现在公司上下都铆足了劲，工作氛围特别好，奖金应该也少不了。（A）

只是，下周末原本跟你说好了要一起去迪士尼，现在因为一个项目不得不到场，所以下周末去不了了。让你期待了那么久，真的很抱歉。（B）

作为补偿，等发奖金了，我们就去住迪士尼酒店，痛痛快快地玩上一天一夜吧！酒店我都订好了！（附上预订酒店的截图）（C）

重要的不是彰显自己有多不容易，而是要站在对方的立场上铺设自己的“故事”。

无论如何也不要把“突如其来的工作导致去不成，我也觉得很遗憾”“真的不是我的错”等情感写进去。应该先预测读者内心的变化，再沿着这一变化轨迹铺设你的“故事”。就算你想用这一技巧使自己的行为与情感正当化，也不可能引起对方的共鸣。

要记住，所谓“升温，降温，再升温”，都是围绕着对方的情感来展开的。

要点

“剧本”需要铺设危机。

读者的情感起伏越大，就说明文字中蕴含的能量越强。

P.S. | 技巧5 添加附言

实际上，我们知道**所有文章中大家读得最多的、最能留在人们心中的内容往往是附言部分**。

假设现在有一封通篇套话，仿佛复制粘贴而成的商务邮件，如果你在邮件的末尾处，署名前后写上一句：

“上次那件事真的辛苦您了。”

“周末一起去喝一杯如何？”

“有件事想拜托您，您方便的时候咱们边喝茶边聊一聊怎么样？”

只是加一句话，就能让文章整体都变得更有温度。

这是为什么呢？

秘密就在于一种叫“**蔡格尼克记忆效应**”的心理效应，不知各位是否听说过？

蔡格尼克是苏联的一位心理学家，她因为进行一项与人的记忆有关的实验而为世人所知。

蔡格尼克通过实验证明了一种记忆机制：**比起已经处理完成的事情，人们对于尚未处理完的事情或被中断的事情印象更深刻**。简而言之，就是“未完待续”的事情给人留下的印象更强烈。

例如，工作做到一半时暂停了，家务还没做完就出门了，联谊时只差一点儿就能与对方好上了，小说读到关键时刻冒出一句“且听下回分解”……这些会让人有“哎呀，得接着做才行，真让人放不下心”的感觉，这样的事物往往更令人难忘。

心理学上把这一现象（或者说记忆机制）叫作蔡格尼克记忆效应。

我在此突然提到一个这么拗口的心理效应是有原因的。因为第五个写作技巧**“添加附言”的功效，要借助蔡格尼克记忆效应才能发挥出来**。

举个例子，电视连续剧的**下集预告**和电影的**预告片**，经常在不到一分钟的时间里，浓缩了出场人物的精彩瞬间，给观众提供了暗示后续剧情走向的信息。

当然，单靠预告片并不能让人了解一部电视剧或电影的全貌。但是这些精心制作的预告片，往往能给观众带来强烈的兴奋感与期待感，有时甚至比正片更让人印象深刻。

日本的电视连续剧基本上是一周播一集。让人不可思议的是，人们在一周的时间里，既要处理各种私人杂事，又接触了五花八门的新闻，可能还读过一些书或杂志，但我们依然记得上一集的剧情。

人们通常很难马上想起上周某天三餐吃了什么，但却能马上回忆起某部电视剧上一集的剧情。

这是因为**当我们看过预告片之后，被这些不完整的碎片激发了想象力，从而加深了对正片的记忆**。

添加附言，就是一个把蔡格尼克记忆效应运用到写作当中的技巧。

■ 目的在于停留在读者的潜意识当中

蔡格尼克记忆效应实验还发现了另一个有关记忆的现象：**当一件事告一段落后，人们就很容易忘却**。

就像在考试前临时抱佛脚背诵的内容，大部分在考试结束后就会被抛到九霄云外。随着紧张状态的结束，大脑就会自动清理不需要的信息。

说句题外话，如果你总是因工作而烦心，我建议你最好今日事今日毕，在下班之前把当天能做的工作都处理完。这样大脑就不会再纠结当天的工作，你就能顺利地切换上下班的心情了。

然而，写附言则是反其道而行之。

尚未告一段落的事物或还没讲完的话，会停留在大脑的某个角落，促使你不由自主地继续思考它。

当你需要提出某个点子，如策划书或新产品的名字时，你是否也曾体验过这种经历呢？上班时接二连三地开会，绞尽脑汁也想不出什么好点子。回到家泡个澡，一起身灵光一现，点子就冒出来了；也可能睡一晚，一睁眼就想到了策划书该怎么写。

这是因为在潜意识里，我们的大脑一直在不停地思考。

假如你通过文字传达给对方的内容能够一直停留在对方的脑海里，你觉得如何？是否有如虎添翼的感觉？

即使对方在工作，也会不停地思考你提出的方案、希望、心愿或邀请。如此一来，我相信十有八九你能如愿以偿。

能发挥这种神奇功效的，正是附言。

■ 如何写附言，才能让信息长久停留在对方的脑海里

附言的写法基本上与附加在信件或邮件末尾的小短句一样，它也可以运用在策划书和报告等各种文体当中。

在使用“添加附言”这一技巧时，需要注意的有两点。

第一点，在写附言之前，先结束上文的话题。

这和前面所说的临时抱佛脚是一个道理，是为了让人在读完一个话题后，重置大脑，腾出大脑的空间。

说白了，正文其实就是为了引出主题而写的序言而已，就算对方只是草草扫过一眼，甚至直接跳过也无妨。因为，附言才是核心。

第二点，要在简短的附言中制造高潮。

是否无论什么内容，只要写在文末，就能长时间停留在对方的记忆里呢？其实并非如此，你需要埋设一个机关，才能加深对

方的印象。

话不多说，接下来让我们看看该如何把你的**愿望**或**想让对方做的事**写进附言里。

早就听闻您对餐饮店的经营特别在行，我有事想向您讨教一下，不知下次碰头会能否占用您一点儿时间？

部长，听说令郎喜欢《妖怪手表》这部动画片，所以我给他准备了一份礼物，我猜他一定会喜欢！下次见面时我交给您。

上次送您的礼物不知道您喜不喜欢？其实我另外还准备了一份薄礼……下次见面时，我再交给您！

当你通过“升温，降温，再升温”的技巧打动了读者之后，再用“附言”写下你的愿望，制造下一个接触的机会，就能让效果更上一层楼。

要点

附言（P.S.）是一篇文章中被人读得最多的部分。

人们总是对尚未完结的信息印象更深刻，如做到一半的项目和影视剧的预告片等。

小专栏 4 邮件要从下往上写

你知道邮件的“正确写法”吗？

邮件中最容易写进对方心里的内容是附言（P.S.）部分，我们应该在附言处写下自己最想表达的内容，也就是你的愿望——你想让对方如何行动。

如果你想拉近和对方的距离，可以在附言中用一些温柔的话语来表达你的谢意或喜悦。

尤其是商务邮件，商务邮件往往不便采用过于感性的表达，但如果添加附言，就能制造一种反差，取得立竿见影的效果（参考下文第一段例文）。

如果你想邀请对方参加展览会或培训班，那就加上一些具备稀缺性的信息或仅提供给对方的信息，吸引对方到场（参考下文第二段例文）。

如果你想推销某款产品，可以参考下文第三段例文的写法，添加这类附言。

首先，在附言中直接写明自己的愿望。

> P.S. 前几天我实在克制不住自己肚子里的“馋虫”，去了您推荐的那家烤肉店。店里的牛背肉真是绝了！虽然我吃过的烤肉不少，但他家的牛背肉实在太好吃了，简直颠覆了我的烤肉史！早就听说您对好吃的餐厅了如指掌，果然名不虚传！

> P.S. 现在距离举办日仅剩3天！我刚才确认了一下公司的优惠政策，我们还可以在×先生/女士您的专属方案基础上再给您优惠20%。具体情况届时我将当面与您细说，期待您的到来。

> P.S. 虽然本次促销期间，有部分商品不在促销范围内，但因为×先生/女士您光顾本店超过5次，所以您购买的所有商品均可享受促销优惠。仅此一周，千万不要错过！

写邮件时，首先应该决定你想让对方做什么，想让对方采取什么行动，把它写进附言里，然后才开始写邮件的正文。如果你掌握了这个原则，就能让你的邮件焕然一新。

如果想写出能打动人心的邮件，应该从下往上写。

换言之，先决定附言的内容，写完附言，再考虑邮件整体该怎么写。这才是邮件写作的正确顺序。

■ 邮件正文最关键的是前3行

搞定附言之后，接下来该写什么呢？接下来就轮到正文了。

写正文，最关键的是前3行。前3行应当囊括所有你需要表达的信息。

反过来说，如果读完正文的前3行和附言，就能明白发件人想要表达的所有内容，那么这封邮件就是一封理想的邮件。

为什么这么说呢，因为**人们容易对冗长的邮件敬而远之**。

那么，这3行该写什么呢？首先写寒暄，即“正面的开头”；然后是具体事项。

写完附言后，在正文里写具体事项和信息。

早上好！

前几天的项目，部长已经同意了。明后两天您方便的时候，咱们开会商讨一下具体细节如何？

↑

P.S. 前几天我实在克制不住自己肚子里的“馋虫”，去了您推荐的那家烤肉店。店里的牛背肉真是绝了！虽然我吃过的烤肉不少，但他家的牛背肉实在太好吃了，简直颠覆了我的烤肉史！早就听说您对好吃的餐厅了如指掌，果然名不虚传！

近来，随着××消息的发布，××行业呈现一片繁荣。

我公司将于×月×日×时，在××启动××培训班。这次我们还为×先生/女士准备了您的专属方案，在此恭候您的到来。

↑

P.S. 现在距离举办日仅剩3天！我刚才确认了一下公司的优惠政策，我们还可以在×先生/女士您的专属方案基础上再给您优惠20%。具体情况届时我将当面与您细说，期待您的到来。

正文应该如例文所示，交代清楚事情的全貌，重要的是能够引出附言的内容。正文的目的在于传达信息，附言的作用在于情感交流。因为发件人在写邮件之前，应当在脑海里已经构思好了自己到底想让对方产生什么样的想法。

“看来那个项目还挺顺利的，××作为负责人，办事真利索。咦，前几天提过的烤肉店他竟然也去了，好开心！”

“原来那个培训班快开始了，不知道自己有没有时间去呢？什么？竟然还特意帮我查了优惠政策，那不如去听一听好了。”

“哇！促销活动快开始了，也差不多是时候置办春装了。要不然去看一眼好了，会员还有全场优惠，真划算！”

正是因为发件人已经做好了这一构思，才能仅用一封邮件就让对方走上自己设计好的情感动线。

■ 标题要让人一眼就能领会这封邮件是发给谁的

最后负责收尾的是标题或主题名称。

就算你的邮件能打动对方的内心，让他走上你设计好的那条完美的情感动线，但是如果你没法让他点开这封邮件，邮件的内容写得再好也无济于事。因此，标题或主题名称就变得至关重要。什么样的标题能让对方想要打开来看看呢？关键在于要用简短的话语，吸引对方的注意。

如果你的标题或主题名称写的是“前几天谢谢您”“多谢您平日的关照”诸如此类的话，那就是不合格的标题，需要修改。

你不妨打开常用的邮箱看一看，收件箱里是不是有许多类似的标题呢？如果当天你及时处理了，那兴许还能记得是谁发来的邮件，但如果你两三天都没有点开那些邮件，多半会想不起发件人到底是谁，有很多邮件的标题都有这样的问题。

请各位至少加上自己的名字，改成“我是××，前几天谢谢您”“多谢您平日的关照，我是××”。

如果你和收件人之间曾有过一段共同的回忆，可以把只有你们才懂的、像街头暗号一样的话当作标题，如“**那时的××令人难忘**”“**您说过的××令我感动**”等。

如此，收件人一看到标题，便能想到“原来是上次那个人”。至于“谢谢您”“感谢您的关照”云云，写进正文即可。

标题的作用是促使读者阅读接下来的正文。

如果你要向不特定的多数人同时发送信息，可以使用一些强势的话语作为标题。如“**你还不知道……吗**”“**30多岁的人每5人就有×人正在使用**”“**……的真相就在这里**”“**最后的机会**”等，让人觉得稍微不够严谨的话语反而能牢牢吸引读者的目光。

最后，用标题吸引对方的注意。

（标题）××先生/女士，项目已获批！

××先生/女士：

早上好！

前几天的项目，部长已经同意了。明后两天您方便的时候，咱们开会商讨一下具体细节如何？

P.S. 前几天我实在克制不住自己肚子里的“馋虫”，去了您推荐的那家烤肉店。店里的牛背肉真是绝了！虽然我吃过的烤肉不少，但他家的牛背肉实在太好吃了，简直颠覆了我的烤肉史！早就听说您对好吃的餐厅了如指掌，果然名不虚传！

（标题）××先生/女士，您现在还在坚持××吗?

××先生/女士：

近来，随着××消息的发布，××行业呈现一片繁荣。

我公司将于×月×日×点，在××启动××培训班。这次我们还为×先生/女士准备了您的专属方案，在此恭候您的到来。

P.S. 现在距离举办日仅剩3天！我刚才确认了一下公司的优惠政策，我们还可以在×先生/女士您的专属方案基础上再给您优惠20%。具体情况届时我将当面与您细说，期待您的到来。

无论如何，最重要的是让对方看到标题之后，愿意点开你的邮件。人一旦点开邮件，基本上就不会再去看标题或主题名称了。它们就像包装丝带或包装纸，里面包裹着一份精心准备的礼物。包装只要能给收件人带来愉悦和惊喜，就算大功告成了。

这就是从下往上写邮件的方法。

当你决定了自己到底想让对方采取什么行动之后，正文部分该写的内容自然就成型了，用来吸引对方点开邮件的标题该怎么写的问题也会随之迎刃而解。

正因为邮件是工作中经常使用的沟通工具，更应该运用这种写法，才能让你的工作事半功倍。

小结 能马上派上用场的5个写作技巧

技巧1：正面的开头

人们通常很难摆脱第一印象的影响。我们可以通过设计开头来加深读者对自己的印象。

技巧2：不断重复

人们对重复次数越多的信息，接受度越高。但要注意变化表达方式，切忌重复使用同样的词汇。

技巧3：像对话一样写作

比起文字，人们更容易记住对话的内容。在文字中加入对话的要素，就能打造出最强的诱导装置，引导读者行动。

技巧4：升温，降温，再升温

越沉浸在焦虑和厌恶感等负面情感当中，人们越想要摆脱，触底反弹的能量就越强烈。故意给读者的情感降降温，才能用更强大的力量引导他们采取行动。

P.S. 技巧5：添加附言

比起已经完成的事情，人们往往更在意尚未完成的或被中断的事情。在写作过程中，中途先收尾，才能让下文的信息更深刻地印在对方的脑海里。